Comptabilité

W0281984

ALAIN DELOS
ÉRIC LEMOT

BAC PRO
TERTIAIRES

TOP'FICHES

HACHETTE
Éducation

Couverture : Fingueur in Zenose
Maquette : Joël Dingé
Réalisation : PAON

www.hachette-education.com

ISBN 978-2-01-180685-7

SOMMAIRE

Évaluez-vous et testez-vous avec les QCM sur le CD-Rom.

Toutes les fiches de cet ouvrage feront intervenir cette entreprise :

Soled
11, rue du Plessis
29180 Locronan

Tél. : 02 40 29 28 77 — **SIRET :** 12162824500001 APE : 023S
Fax : 02 40 29 28 78 — **RCS :** QUIMPER B 121628245

N° TVA intracommunautaire : FR 29 121628245 — **Date de création :** 1997

Activité : Fabrication et vente de produits pâtissiers (surtout bretons).
Conseils en pâtisserie.
Achats et ventes de gâteaux.

Effectif : 3 — A. Soled, gérant et directeur commercial
Mlle Léa Le Guillou, comptable
Mlle Marilou Marot, pâtissière

Règlement des factures sous quinzaine

Domiciliation bancaire : Crédit de l'Ouest, 24 rue Racine, 29109 Quimper Cedex
banque : 21976 guichet : 216 compte : n° 531205 clé : 23

Pénalités de retard au taux de 10 % annuels

Cette entreprise aura le rôle de client ou de fournisseur suivant la nature des opérations. Sa comptabilité est tenue sur bordereaux de saisie et est ensuite contrôlée, certifiée par M. Hinsou, commissaire aux comptes et par Maître Latable, conseiller juridique et fiscal.
Toutes les sommes sont exprimées en **euros**. Les factures sont présentées de façon simplifiée (adresse des clients, adhérent centre gestion).

Comptes auxiliaires des fournisseurs	Comptes auxiliaires des clients
401003 Aurélie	411006 Anthony
401005 ELF	411012 Daparis
401009 Émeric	411013 René
401016 Gouby Pat	411017 Les Délices du Palet
401024 O'Reilly	411021 Claude Malou
401029 Avocat Sion	411027 Jean-Claude
401033 AD Transit	411053 Honoré
401122 Giggs	411062 Patcristiana
401139 F. Schneider	411127 Alderman
401999 Fournisseurs au comptant	411139 Chevtchenko
	411999 Clients au comptant

LES FACTURES D'ACHATS (RÉDUCTIONS, TVA)

I. PROBLÈME COMPTABLE

Pour enregistrer une facture reçue d'un tiers en respectant les lois comptables et fiscales, il faut procéder à une analyse détaillée.

II. FACTURE D'ACHATS

1. Les factures s'enregistrent à la date d'émission. →

2. La comptabilité est liée à l'activité de l'entreprise. →

ÉMERIC

Facture n° 28

Le 02/09/N — **Doit** — **SOLED**

Far aux pruneaux	762,25
Remise 10 %	76,23
Net commercial (1)	686,02
Escompte 2 % (2)	13,72
Net financier	672,30
Port forfaitaire, débours (3)	19,82
Net hors taxes	692,12
TVA 5,5 % (4)	38,07
Net toutes taxes comprises	730,19
Emballages consignés (5)	30,49
Net à payer (6)	760,68

III. ANALYSE DES ÉLÉMENTS DE FACTURATION

- Un *commerçant* achète des *marchandises* pour les **revendre** ;
- Un *fabricant* achète des *matières premières*, des fournitures, des matières consommables pour les **transformer**.

Il est possible d'acheter des prestations de services (*ex. : réparation d'une immobilisation*).

(1) Vous devez enregistrer le net commercial quel que soit le nombre de réductions commerciales (rabais, remise, ristourne).

Les réductions commerciales ne se comptabilisent jamais sur une facture « doit ».

2 **L'escompte de règlement** inconditionnel (figurant toujours sur la facture) **obtenu** en cas de paiement au « comptant sous huitaine » s'enregistre toujours comme un **produit financier (765)**.

3 Les frais de transport, quelle que soit leur nature, sont des charges enregistrées au débit du compte 6241 frais de port sur achats pour le montant hors taxes.

4 La TVA déductible sur **A**utres **B**iens et **S**ervices (ABS) est calculée sur le montant total hors taxes suivant le taux en vigueur. C'est **une créance sur l'État**.

5 Les emballages prêtés et consignés sont enregistrés hors taxes au débit du compte 4096 : fournisseurs créances pour emballages à rendre. Le fournisseur remboursera le client pour leur montant s'ils sont retournés en bon état et dans les délais.

6 Le net à payer est dû au fournisseur → crédit du compte 401... fournisseur X (TTC).

IV. ENREGISTREMENT COMPTABLE

Bordereau de saisie (euros)

Journal : achats

Date	N° de compte	Libellé	Débit	Crédit
02/09/N	607 1	ÉMERIC, sa facture n° 28	686,02	
	6241 3		19,82	
	44566055 4		38,07	
	4096 5		30,49	
	401009 6			760,68
	765 2			13,72

V. RÈGLES COMPTABLES

Comptes	Débit	Crédit
6... (dernier net commercial)	✘	
4456**6** (TVA)	✘	
6241 (port)	✘	
4096 (quantité d'emballages × prix unitaire de consignation)	✘	
765 (escompte obtenu)		✘
401 (net à payer)		✘

LES FACTURES D'ACHATS AVEC FRAIS ACCESSOIRES (EMBALLAGES, PORT)

I. PROBLÈME COMPTABLE

Il faut en premier lieu bien analyser la nature des charges en s'aidant du plan comptable.

II. FACTURES D'ACHATS

Les réductions commerciales et financières ne s'appliquent pas aux frais accessoires.

GOUBY PAT Le 03/09/N	Facture n° 14 **Doit**	**SOLED**
Boules cocos		640,29
Remise 12 %		76,83
Net commercial		563,46
Emballages récupérables (5)		91,47
Net HT		654,93
TVA 5,5 % (4)		36,02
Net TTC		690,95
Port forfaitaire (1)		30,49
TVA 19,6 % (4)		5,98
Net toutes taxes comprises		727,42
Commissions (débours) (2)		32,00
Assurances (débours) (3)		6,88
Net à payer escompte 2 % si règlement sous 8 jours (6)		766,30

III. ANALYSE DES ÉLÉMENTS DE FACTURATION

(1) Les frais de transport sont des charges enregistrées HT dans le compte 6241 : frais de port sur achats.

Il faut distinguer deux cas possibles en fonction du contrat de vente :

- achat condition arrivée : le port est soumis à la TVA au même taux que celui des marchandises ;
- achat condition départ : le port est soumis à la TVA au taux normal des services (19,6 %).

2 Les rémunérations d'intermédiaires sont des charges enregistrées au débit du compte 6221 : commissions et courtages sur achats.

3 Les primes d'assurance payées sont des charges et s'enregistrent au débit du compte 61636 : assurances transport/achats.

4 La TVA déductible sur ABS est calculée sur le montant total hors taxes suivant le taux en vigueur → débit.

⚠ Lorsque le fournisseur facture des débours, ceux-ci ne sont pas soumis à la TVA si les frais refacturés correspondent bien à des décaissements.

5 Les emballages achetés sont facturés avec les marchandises ou matières premières, ils sont enregistrés au débit du compte 6026 : achats d'emballages.

6 **L'escompte de règlement** conditionnel accordé en cas de paiement au « comptant sous huitaine » s'enregistre seulement lorsque les modalités du règlement sont connues (lors du règlement, s'il y a lieu).

IV. Comptabilisation de la facture « doit avec frais accessoires »

Bordereau de saisie

Journal : achats

Date	N° de compte	Libellé	Débit	Crédit
03/09/N	607	Gouby, sa facture n° 14	563,46	
	60265		91,47	
	6241		30,49	
	44566055		36,02	
	44566196		5,98	
	6221		32,00	
	61636		6,88	
	401016			766,30

V. Règles comptables

Comptes	Débit	Crédit
6… (dernier net commercial)	✗	
622… ou 624… ou 616… (frais accessoires)	✗	
6026… (achats d'emballages)	✗	
44566	✗	
401 (net à payer)		✗

I. ÉTUDE DE LA FACTURE D'ACHAT D'IMMOBILISATION

CLAUDINAT Le 04/09/N	Facture n° 12 **Doit**	SOLED
APPENTIS ❶		7 500,00
TABLE DE CUISSON ❶ bis		1 145,00
Total HT		8 645,00
Escompte 2 % ❷		172,90
Net HT ❸		8 472,10
TVA 19,6 % ❹		1 660,53
Net Toutes Taxes Comprises		10 132,63
Acompte sur commande du 10/08/N ❺		1 219,59
Net à payer (solde dû) ❻		8 913,04

II. ANALYSE DES ÉLÉMENTS DE FACTURATION

❶ L'appentis est une immobilisation et il est utilisé plusieurs années dans l'entreprise. La valeur unitaire d'achat doit être supérieure à 381,12 € HT. Il doit toujours être comptabilisé à **sa juste valeur**.

❶ bis : la table de travail chauffante pour les crêpes est une immobilisation aussi. C'est un composant de l'immobilisation (durée d'utilisation différente de la construction qui l'abrite).

❷ L'escompte obtenu lors d'une acquisition de l'immobilisation fait partie intégrante de l'immobilisation, il ne doit pas être comptabilisé comme produit financier.

❸ Il s'enregistre à son **coût d'achat** :

prix d'achat + frais d'achat (mise en service, installation, port).

❹ La TVA, créance sur l'État, est calculée sur le montant total hors taxes suivant le taux appliqué aux biens.

❺ L'acompte versé est lié à une immobilisation corporelle donc on utilise un compte de la classe 2 : 238(8) : avances et acomptes versés sur commandes immobilières corporelles.

❻ Le net à payer ou solde dû est comptabilisé dans le compte 404 : fournisseurs d'immobilisations.

⚠ Bien analyser le secteur d'activité de l'acheteur : vérifier si le bien est destiné à la revente, à une consommation ou à un investissement.

III. COMPTABILISATION DE LA FACTURE « DOIT » POUR UNE IMMOBILISATION

Bordereau de saisie

Journal : achats, immobilisations ou OD

Date	N° de compte	Libellé	Débit	Crédit
04/09/N	2131	CLAUDINAT, sa facture n° 12	7 350,00	
	2135		1 122,10	
	44562		1 660,53	
	2388			1 219,59
	404...			8 913,04

IV. RÈGLES COMPTABLES

Comptes	Débit	Crédit
218... (coût d'achat HT)	✗	
4456**2**	✗	
602 (achats stockés) ou 604 (achats non stockés)	✗	
44566	✗	
238...		✗
404		✗

Remarques :

On peut acheter ponctuellement des immobilisations incorporelles (20...), des immobilisations financières (27...).

1. Si l'entreprise acquiert un *véhicule de tourisme*, la **TVA sur immobilisations n'est pas déductible.** On enregistre alors le **TTC** *dans le compte d'immobilisation* (ici : 2182 → 11 441,74 €).

2. Il n'y a pas de TVA sur les impôts (carte grise).

3. Il faut distinguer la TVA sur les autres biens et services de la TVA liée aux biens immobilisés (*ne pas oublier de tenir compte des remises éventuelles*).

4. Rappel : le compte 238(8) a été débité lors de la commande. Il sera soldé.

5. Soyez attentif aux énoncés qui indiquent un paiement échelonné en raison de l'importance de l'investissement. Utilisez d'abord le compte 404 : fournisseurs immobilisations, soldez-le lors de la création des billets de fonds par le compte 405 : fournisseurs immobilisations, effets à payer.

I. PROBLÈME COMPTABLE

Il faut connaître les règles fiscales de déductibilité de la TVA avant de comptabiliser les factures d'achats.

II. FACTURES D'ACHATS

LA CÔTE D'OR Le 05/09/N	Facture n° 3112 **Doit**	**SOLED**
2 menus gastronomiques ❶		274,41
dont TVA		44,97
Net à payer		274,41

ELF CARCASSONNE Le 05/09/N	Facture n° 933 **Doit**	**SOLED**
Réparation Clio véhicule tourisme ❷		129,58
TVA 19,6 %		25,40
Net toutes taxes comprises		154,98
Gazole TTC ❸		26,16
Net à payer		181,14

CADEAUX LEROY Le 05/09/N	Facture n° 810 **Doit**	**SOLED**
5 montres entreprise ❹		274,40
10 agendas atlas 2008 ❺		137,20
TVA 19,6 %		80,67
Net à payer ❻		492,27

III. ANALYSE DES ÉLÉMENTS DE FACTURATION

❶ La TVA facturée sur les repas d'affaires n'est pas récupérable. Ils s'enregistrent TTC dans le compte 6257 : réceptions. Sur la note du restaurant, il s'agit d'un repas d'affaires (mission ou réception) ; il faut faire figurer le nom des participants en vue d'un éventuel contrôle fiscal.

(2) La TVA sur un véhicule de tourisme n'est pas déductible lors de l'achat.

En conséquence, la TVA sur les réparations ne l'est pas. **On enregistre alors le TTC.**

(3) La TVA sur le gazole est déductible **sauf s'il s'agit d'un véhicule de tourisme.**

(4) La montre représente un cadeau d'entreprise de 54,88 € : prix unitaire hors taxes mais on raisonne en **prix unitaire TTC**, soit ici 65,64 €. Dans ce cas, **la TVA n'est pas déductible** lors de l'achat car la **valeur unitaire TTC est supérieure à 60 € TTC** (révisable le 1er janvier 2011).

(5) L'agenda atlas 2008 est aussi un cadeau d'entreprise de 13,72 € PUHT → 16,41 € TTC. La valeur unitaire TTC est inférieure à **60 €**, la TVA est déductible.

(6) Le net à payer est dû au fournisseur → 401 ou à un créditeur divers (occasionnel) : 46000 ou à un fournisseur au comptant 401999.

IV. ENREGISTREMENT COMPTABLE

Bordereau de saisie

Journal : achats

Date	N° de compte	Libellé	Débit	Crédit
05/09/N	6256	LA CÔTE D'OR, sa facture n° 3112	274,41	
	401999			274,41
05/09/N	6155	ELF, sa facture n° 933	154,98	
	6061		26,16	
	401005 (6)			181,14
05/09/N	6234	CADEAUX LEROY, sa facture n° 810	465,38	
	44566		26,89	
	46000			492,27

V. RÈGLES COMPTABLES

Comptes	Débit	Crédit
60… ou 62… ou 61… (hors taxes + TVA non déductible)	✘	
44566 (TVA déductible)	✘	
218… (hors taxes + TVA non déductible)	✘	
44562 (TVA déductible)	✘	
401 ou 46… ou 401999		✘
404 ou 46… ou 404999		✘

I. PROBLÈME COMPTABLE

Il faut bien connaître les pays de l'Union européenne (UE) avant d'enregistrer les factures d'achats, car les règles fiscales liées à cette localisation conditionnent l'utilisation de certains comptes de charges et de TVA avant d'enregistrer la facture d'achat.

II. 1er CAS : LES ACQUISITIONS INTRACOMMUNAUTAIRES (ACHATS UE)

A • Factures d'achats

GIGGS Manchester (England) NIF : UK 990526291 Le 06/09/N	**Invoice** n° 10	SOLED 29180 Locronan NIF : FR 29 121628245
Raising agents (poudre levante) ❶		165,00
Remise 10 %		16,50
Net hors taxes		148,50
Net à payer 1 € = 6,55957 FF		148,50 € ❷

B • Analyse des éléments de facturation

L'acheteur français doit à la fois :

• calculer (*liquider*), à la place du vendeur (l'opération est **imposable dans le pays acheteur**), le montant de la TVA due intracommunautaire au titre de l'acquisition → 4452 : TVA due intracommunautaire ;

• constater la TVA déductible au titre de l'acquisition → 445662 : TVA déductible sur achats UE.

La TVA sur acquisition intracommunautaire est donc inscrite **deux** fois sur la déclaration mensuelle de TVA : une première fois en taxe due, une deuxième fois en TVA déductible.

❶ L'acheteur supporte la TVA avec autorisation de collecte puisque dans le pays vendeur, il n'y a pas d'imposition.

❷ Il faut calculer une TVA due et une TVA déductible ; prix d'achat net × taux en vigueur en France ; 148,50 × 5,5 % = 8,17 €.

Si la facture est libellée en devises étrangères, il faut convertir en **monnaie locale** selon le cours du jour de facturation.

C • Enregistrement comptable

Bordereau de saisie

Journal : achats

Date	N° de compte	Libellé	Débit	Crédit
06/09/N	6021**2**	GIGGS, sa facture n° 10	148,50	
	44566**2**		8,17	
	4011**2**2			148,50
	445**2**			8,17

D • Règles comptables

Comptes	Débit	Crédit
601… ou 602… ou 607… (net à payer en €)	✗	
44566**2** (net × taux en vigueur)	✗	
445**2** (net × taux en vigueur)		✗
4011**2**… (net à payer en €)		✗

III. 2e CAS : L'IMPORTATION (ACHATS HORS UE ET DANS LES DOM-TOM)

A • Factures d'achats

F.SCHNEIDER Crans Montana (Suisse) Le 06/09/N	**Invoice** n° 11	**SOLED** 29180 Locronan
Almendras (amandes)		4 000,00
Port ❶		400,00
Net à payer (CHF) ❷		4 400,00
1 Franc suisse = 0,632 euro		2 780,80 €

B • Analyse des éléments de facturation

❶ Le port fait partie de la base d'imposition pour la TVA comme les droits de douane, emballages, commissions et assurances.

Le taux de TVA applicable sera celui du bien en France.

Fiche 13

❷ Les achats de biens hors UE sont souvent libellés en devises étrangères. Il faut effectuer une conversion en € au cours du jour de facturation pour les comptabiliser. Le règlement prendra en compte le cours du jour.

La TVA n'apparaît pas sur la facture du fournisseur car elle sera perçue directement par l'administration des douanes, qui l'inscrit sur la déclaration d'importation (l'exigibilité étant la date d'entrée des marchandises sur le territoire français).

L'entreprise importatrice peut demander à un commissionnaire en douane de se charger du dédouanement. Ce dernier établit à l'importateur une facture pour les sommes acquittées pour son compte à l'administration des douanes et il ajoutera le montant de sa rémunération et des frais accessoires (port, emballage, assurance).

C • Enregistrement comptable

Bordereau de saisie

Journal : achats

Date	N° de compte	Libellé	Débit	Crédit
06/09/N	6011**3**	F.SCHNEIDER, sa facture n° 11	2 780,80	
	4011**39**			2 780,80

D • Règles comptables

Comptes	Débit	Crédit
6011**3** ou 6071**3** (net à payer en €)	✘	
4011**3** (net à payer en €)		✘

E • Facture du transitaire

AD TRANSIT 35000 Rennes Le 06/09/N	**Facture** n° 12	**SOLED** 29180 Locronan
Droit de douane ❶		278,08
TVA 5,5 % ❷		168,24
Commission transitaire ❸		13,26
TVA/commission 19,6 % ❹		2,60
Net à payer		462,18

F • Analyse des éléments de facturation

1. Les droits de douane sont imposés à un taux variable selon la nature, l'origine du bien → 6011**3** ou 6021**3** ou 6071**3**.

2. La TVA est calculée sur le net commercial + frais accessoires (droits de douane).

3. La commission est un service (charge) dû au transitaire → 622**4** : rémunérations des transitaires.

4. La TVA à 19,6 % est calculée sur le service → 44566 au débit.

G • Enregistrement comptable

Bordereau de saisie

Journal : achats

Date	N° de compte	Libellé	Débit	Crédit
06/09/N	6011**3**	AD TRANSIT, sa facture n° 12	278,08	
	44566055		168,24	
	6224		13,26	
	44566196		2,60	
	401033			462,18

I. PROBLÈME COMPTABLE

Fiche 5

C'est l'enregistrement de charges payées à des tiers, tels que les garagistes, les professions libérales, les bailleurs, les prêteurs et les transitaires.

II. 1er CAS

A • Document

AVOCAT SION La Roche-sur-Yon Le 07/09/N	Facture n° 985 **Doit**	**SOLED**
Intervention conseil des prud'hommes ❶ TVA 19,6 % ❷		381,12 74,70
Net à payer ❸ **TVA sur encaissements** Escompte 3 % si règlement sous huitaine		455,82

B • Analyse des éléments du document

❶ C'est une charge normale de bon fonctionnement taxable → 6226 : honoraires.

❷ À la facturation, la TVA n'est pas déductible (prestation de services). Au moment du règlement, on soldera le compte TVA à régulariser 445866 par virement au compte 44566 TVA déductible.

❸ On utilise 401… en général ou 467 autres créditeurs divers pour les interventions occasionnelles.

C • Enregistrement comptable

Bordereau de saisie

Journal : achats

Date	N° de compte	Libellé	Débit	Crédit
07/09/N	6226	SION, sa facture n° 985	381,12	
	445866 ❸		74,70	
	401029 ❷			455,82

III. 2e CAS

A • Document

AURÉLIE Le 07/09/N	Facture n° 286 **Avoir**	**SOLED**
Location duplicopieur (4) TVA 19,60 %		25,00 4,90
Net toutes taxes comprises **TVA sur les débits**		29,90

B • Analyse des éléments du document

(4) C'est une redevance de crédit-bail mobilière → débit du compte 6135.

C • Enregistrement comptable

Bordereau de saisie

Journal : achats

Date	N° de compte	Libellé	Débit	Crédit
07/09/N	6135	AURÉLIE, sa facture n° 286	25,00	
	44566		4,90	
	401003			29,90

IV. RÈGLES COMPTABLES

Comptes	Débit	Crédit
61… ou 62… (net HT)	✗	
445866 (TVA/encaissements) ou 44566 (TVA/les débits)	✗	
401… (habituel) ou 467… (ponctuel)		✗

Fiche 4

Pour d'autres exemples, analyser les factures de la fiche 4.

LES FACTURES D'AVOIR POUR RETOUR SUR ACHATS ET RRR OBTENUS

I. PROBLÈME COMPTABLE

Leur rôle est de constater ou rectifier une erreur ou une modification de la facture « doit ». C'est **l'écriture inverse** de celle de la facture d'achat.

II. 1er CAS : RETOUR DE MARCHANDISES ET D'EMBALLAGES

A • Document

Fiche 1

Voir la facture « doit » de la fiche 1.

ÉMERIC Le 08/09/N	Facture n° A28 **Avoir**	SOLED
Retour de fars aux pruneaux		152,45
Remise 10 %		15,25
Net commercial ❶		137,20
Escompte 2 % ❷		2,74
Net financier		134,46
TVA 5,5 % ❹		7,40
Net toutes taxes comprises		141,86
Retour d'emballages consignés ❺		30,49
Net à votre crédit ❻		172,35

B • Analyse des éléments du document

❶ Les marchandises sont retournées et reprises aux conditions identiques à celles de la facture initiale « doit » (même remise) → *diminution de la charge*, **crédit** des comptes utilisés dans la comptabilisation de la facture « doit » 607 : achats de marchandises.

❷ L'escompte inconditionnel de règlement obtenu doit être calculé au même taux et sera enregistré comme une *diminution du produit* obtenu initialement → **débit** 765 : escomptes obtenus.

❸ Il en serait de même pour le port (au cas où) → **crédit** 6241 : transport sur achats, *diminution de la charge*.

❹ La TVA se calcule sur le net HT au même taux que la facture initiale ; *diminution de la créance* sur l'État → **crédit** de 44566 : TVA déductible/ABS.

5 Les emballages sont retournés totalement et repris au même prix ; on utilise le même compte 4096 mais en sens inverse → 4096 : fournisseurs, créances pour emballages à rendre au **crédit** (*diminution de la dette envers le prêteur d'emballage*).

6 La dette envers le fournisseur diminue → **débit** de 401009 : fournisseur Émeric.

C • Enregistrement comptable

Bordereau de saisie

Journal : achats

Date	N° de compte	Libellé	Débit	Crédit
08/09/N	401009	ÉMERIC, son avoir n° A28	172,35	
	765		2,74	
	607			137,20
	44566			7,40
	4096			30,49

III. AUTRES CAS

Fiche 6

- La facture d'« avoir » constate une réduction commerciale : une ristourne.
- L'escompte de règlement fait l'objet d'un avoir en cas de règlement anticipé.

A • Documents

O'REILLY Le 08/09/N	Facture n° 24 Avoir	SOLED
Ristourne 2e trimestre		19,06
TVA 5,5 %		1,05
Net à déduire		20,11

AVOCAT SION Le 08/09/N	Facture n° A 985 Avoir	SOLED
Escompte 3 %		11,43
TVA 19,60 %		2,24
Net à déduire		13,67
TVA sur les encaissements		

B • Enregistrement comptable

Bordereau de saisie

Journal : achats

Date	N° de compte	Libellé	Débit	Crédit
08/09/N	401024	O'REILLY, son avoir n° 24	20,11	
	44566			1,05
	6091			19,06
08/09/N	401029	SION, son avoir n° A 985	13,67	
	445866			2,24
	765			11,43

LES FACTURES DE VENTES (RÉDUCTIONS, TVA)

I. PROBLÈME COMPTABLE

Il faut enregistrer les factures de vente à la date d'émission.

II. FACTURE DE VENTES

SOLED	Facture n° 21	
Le 09/09/N	**Doit**	CLAUDE MALOU
Flans aux abricots		1 143,37
Remise 10 %		114,34
Net commercial ❶		1 029,03
Escompte 1 % ❷		10,29
Net financier		1 018,74
Port forfaitaire ❸		27,44
Net hors taxes		1 046,18
TVA 5,5 % ❹		57,54
Net toutes taxes comprises		1 103,72
Emballages consignés ❺		15,24
Net à payer ❻		1 118,96

III. ANALYSE DES ÉLÉMENTS DE FACTURATION

❶ Vous devez aussi enregistrer le net commercial quel que soit le nombre de réductions commerciales.

⚠ **Les réductions commerciales ne s'enregistrent jamais sur une facture de vente.**

❷ **L'escompte de règlement** *accordé* en cas de paiement au « comptant sous huitaine » s'enregistre toujours comme une *charge* **financière** (665) et diminue le montant à payer.

❸ Les frais de transport *forfaitaires* sont des *produits* enregistrés dans le compte 7085 : port et frais accessoires facturés pour un montant hors taxes.
Les frais de transport déboursés sont l'annulation d'une charge enregistrée dans le compte 6242 : transports sur ventes pour un montant hors taxes.

❹ La TVA est calculée sur le montant total hors taxes suivant le taux appliqué aux marchandises ou aux matières premières. C'est une dette envers l'État.

(5) Les emballages consignés hors taxes (prêt) sont enregistrés dans un sous-compte de clients 4196 : clients, dettes sur emballages consignés au crédit. C'est une dette car on remboursera le montant si leur retour s'effectue en bon état et dans les délais.

(6) Le net à payer est dû par le client → 411 clients au débit (TTC).

IV. Enregistrement comptable

Bordereau de saisie

Journal : ventes

Date	N° de compte	Libellé	Débit	Crédit
09/09/N	**41**1021 (6)	CLAUDE MALOU, ma facture n° 21	1 118,96	
	665 (2)		10,29	
	701 (1)			1 029,03
	7085 (3)			27,44
	44571055 (4)			57,54
	4196 (5)			15,24

V. Règles comptables

Comptes	Débit	Crédit
411... (net à payer)	✘	
665 (montant de l'escompte)	✘	
701 ou 706 ou 707 (net commercial)		✘
44571 (montant de TVA)		✘
7085 (port forfaitaire) ou 6242 (débours)		✘
4196 (emballages)		✘

Remarques :

- Analysez l'activité de l'entreprise en vous positionnant (vente pour revente : 707 ; vente de produits fabriqués : 701 ; ventes de produits intermédiaires : 702 ; vente de travaux : 704 ; vente d'études : 705 ; vente de prestation de services : 706).
- Les emballages consignés 4196 : clients, dettes sur emballages consignés sont obtenus en utilisant la codification de 41 (racine du compte clients), 9 (fonctionnement inverse du compte principal 41), 6 (emballages).
- La TVA collectée 445**7**1 est liée au produit **7**07 ou **7**01.

LES FACTURES DE VENTES AVEC FRAIS ACCESSOIRES (EMBALLAGES, PORT)

I. PROBLÈME COMPTABLE

Il faut bien analyser la nature des charges (surtout le transport) afin de comptabiliser correctement le document.

II. DOCUMENT

SOLED Le 10/09/N	Facture n° 13 **Doit**	RENÉ
Boules de cocos		457,35
Remise 15 %		68,60
Net commercial		388,75
Emballages (5)		64,00
Net HT		452,75
TVA 5,5 % (4)		24,90
Net TTC		477,65
Port déboursé (1)		22,87
Net toutes taxes comprises		500,52
Commissions (2)		38,11
TVA 19,6 %		7,47
Assurances (débours) (3)		4,03
Net à payer		550,13
escompte 2 %, net de taxes, si règlement sous 8 jours (6)		

III. ANALYSE DES ÉLÉMENTS DE FACTURATION

(1) Les frais de transport facturés sont des remboursements de charges payées lors de la livraison, enregistrées dans le compte 6242 : frais de port sur ventes pour un montant hors taxes au crédit.
On ne demande pas le remboursement de la TVA puisqu'elle est déductible lors de l'achat de ce service externe.

(2) Les rémunérations d'intermédiaires constituent des produits enregistrés dans le compte 7082 : commissions et courtages au crédit.

(3) Les primes d'assurance sont des produits accessoires et s'enregistrent au crédit du compte 7085 : ports et frais accessoires ou 7088.

4 La TVA est calculée sur le montant total hors taxes suivant le taux appliqué aux marchandises, aux matières premières.

5 Les emballages sont facturés avec les marchandises ou matières premières ; ils sont enregistrés dans un compte de ventes → 7088**6** : cession d'emballages au crédit.

6 **L'escompte de règlement** conditionnel, **net de taxes**, s'enregistre seulement au moment du règlement.

IV. Enregistrement comptable

Bordereau de saisie

Journal : ventes

Date	N° de compte	Libellé	Débit	Crédit
10/09/N	411013	René, ma facture n° 13	550,13	
	707			388,75
	7088**6**			64,00
	44571055			24,90
	6242			22,87
	7082			38,11
	7085			4,03
	44571196			7,47

V. Règles comptables

Comptes	Débit	Crédit
411... (net à payer)	✘	
707... ou 701... ou 706... (dernier net commercial)		✘
7085 (port forfaitaire) ou 6242 (port déboursé)		✘
7088**6**		✘
44571 (détail des taux)		✘
7082 et/ou 7088		✘

Remarques :

- Les réductions commerciales et financières ne s'appliquent pas aux frais accessoires.
- Dans le cas de la *mention pour l'escompte conditionnel* **figurant sur la facture n° 13**, la mention est ainsi libellée : « escompte **net de taxes** 2 % si règlement sous 8 jours » ; cela dispense d'établir un avoir pour l'escompte ; l'enregistrement se fait alors en 2 étapes : facture, règlement (enregistrement du produit financier TTC).

I. PROBLÈME COMPTABLE

Les règles fiscales sont liées à la localisation de notre client et conditionnent l'utilisation des comptes.

II. 1er CAS : LES LIVRAISONS INTRACOMMUNAUTAIRES (VENTES À DESTINATION DES PAYS DE L'UE)

Depuis le 1er janvier 1993, la libre circulation des biens, des services et des personnes est instituée. Les entreprises de l'Union européenne sont identifiées par un numéro d'identification fiscale (NIF) qui doit figurer sur la facture et la déclaration de TVA (*ex. : France FR + 11 chiffres*) : **exonération de TVA.**

Rappel :

Dans l'UE, c'est **l'acheteur** qui déclare la TVA, à condition de posséder un NIF.

A • Facture de ventes

SOLED **29180 Locronan** **NIF : FR 29 121628245** Le 11/09/N	Facture n° 1208 **Doit**	ALDERMAN Munich NIF : DE 945 359 175
Marchandises ❶		1 425,40
Net à payer ❷		1 425,40

B • Analyse des éléments de la facture

❶ Les produits finis sont vendus hors taxes et comptabilisés dans le compte principal avec un **2** en 5e position (signe UE, recommandation du Conseil national de comptabilité CNC).

❷ Le net à payer est enregistré dans le compte 4111**2**. Si la facture est libellée en devises étrangères, il faut convertir en francs français ou en euros selon le cours du jour de facturation.

C • Enregistrement comptable

Bordereau de saisie

Journal : ventes

Date	N° de compte	Libellé	Débit	Crédit
11/09/N	**4**1112**7**	ALDERMAN, ma facture n° 1208	1 425,40	
	7071**2**			1 425,40

Remarque :

Lorsque le NIF de l'acquéreur ne figure pas sur la facture, les livraisons intracommunautaires sont soumises à la TVA.

D • Règles comptables

Comptes	Débit	Crédit
41112 (net à payer en €)	✗	
70112 ou 70712 (net à payer en €)		✗

III. 2e CAS : L'EXPORTATION

Ventes hors UE, dans les DOM (Guadeloupe, Martinique, Guyane et Réunion) et dans les COM (Nouvelle-Calédonie, Polynésie française, Wallis-et-Futuna) ainsi que dans les collectivités territoriales (Mayotte et Saint-Pierre-et-Miquelon) : **exonération de TVA.**

A • Facture de ventes

SOLED **29180 Locronan** **NIF : FR 29 121628245** Le 11/09/N	Facture n° 3207 **Doit**	CHEVTCHENKO Kiev (Ukraine)
Marchandises ❶		609,80
Net à payer ❷		609,80

B • Analyse des éléments de la facture

❶ Les marchandises sont vendues hors taxes et comptabilisées dans le compte principal avec un **3** en 5e position. Les biens exportés sont exonérés de TVA (principe d'incitation économique : positif pour la balance commerciale du pays).

❷ Le net à payer est enregistré dans le compte 4111**3**.

C • Enregistrement comptable

Bordereau de saisie

Journal : ventes

Date	N° de compte	Libellé	Débit	Crédit
11/09/N	**41113**9	CHEVTCHENKO, ma facture n° 3207	609,80	
	7011**3** ❶			609,80

D • Règles comptables

Comptes	Débit	Crédit
41113 (net à payer en €)	✗	
70113 ou 70713 (net à payer en €)		✗

LES FACTURES POUR PRESTATIONS DE SERVICES

I. PROBLÈME COMPTABLE

Il faut bien reconnaître le secteur d'activité avant d'enregistrer les factures.

II. 1er CAS : TVA SUR LES ENCAISSEMENTS

A • Facture de ventes

SOLED	Facture n° 222	
Le 12/09/N	**Doit**	LES DÉLICES DU PALET
Conseils en pâtisserie (Saint-Honoré) ❶		365,88
Remise 10 %		36,59
Net commercial		329,29
TVA 19,6 % ❷		64,54
Net à payer ❸ payable en octobre à 30 jours		393,83

B • Analyse des éléments de la facture

❶ L'entreprise Soled facture des conseils (savoir-faire), c'est une production immatérielle → 706 : prestations de services.

❷ La TVA, compte tenu de la prestation immatérielle, ne devient exigible qu'au moment de l'encaissement de l'acompte et du net à payer (TVA/encaissements).

❸ Le net à payer est dû par le client ou le créditeur divers (si cela est un cas inhabituel) → 411... au débit (TTC).

C • Enregistrement comptable

Bordereau de saisie

Journal : ventes

Date	N° de compte	Libellé	Débit	Crédit
12/09/N	**41**1017 ❸	LES DÉLICES DU PALET, ma facture n° 222	393,83	
	706 ❶			329,29
	445**8**710 ❷			64,54

Lors du paiement, il y aura deux écritures :
- l'encaissement : 512 (débit) → 393,83 ; 413 (crédit) → 393,83 ;
- la régularisation de TVA (journal des OD) : 445871 (débit) → 64,54 ; 44571 (crédit) → 64,54.

III. 2e CAS : OPTION TVA SUR LES DÉBITS

L'entreprise SOLED peut opter pour la TVA payée sur les **débits**. Dans ce cas, la TVA est exigible lors de la facturation.

A • Facture de ventes

SOLED	Facture n° 222	
Le 12/09/N	**Doit**	LES DÉLICES DU PALET
Conseils en pâtisserie (Saint-Honoré) (1)		365,88
Remise 10 %		36,59
Net commercial		329,29
TVA 19,6 % (2)		64,54
Net à payer (3) payable en octobre à 30 jours		393,83
TVA sur les débits		

B • Analyse des éléments de la facture

Lors du paiement, il y aura une écriture :

- l'encaissement : 512 (débit) → 393,83 ; 413 (crédit) → 393,83.

C • Enregistrement comptable

Bordereau de saisie

Journal : ventes

Date	N° de compte	Libellé	Débit	Crédit
12/09/N	411017	LES DÉLICES DU PALET, ma facture n° 222	393,83	
	706			329,29
	44571			64,54

D • Règles comptables

Comptes	Débit	Crédit
467 ou 411999 ou 411… (net à payer)	✘	
706 (net commercial)		✘
445**87** (4) ou 4457**10** (5) (montant de TVA) (4) TVA sur les encaissements (5) TVA sur les débits		✘

LES FACTURES D'AVOIR POUR RETOUR SUR VENTES ET RRR ACCORDÉS

I. PROBLÈME COMPTABLE

Leur rôle est de constater ou rectifier une erreur ou une modification de la facture « doit ». C'est **l'écriture inverse** de la facture de vente.

II. 1er CAS : RETOUR DE MARCHANDISES ET D'EMBALLAGES

A • Document

Fiche 8

Voir la facture « doit » de la fiche 8.

SOLED Le 13/09/N	Facture n° A21 **Avoir**	CLAUDE MALOU
Retour de flans aux abricots		228,67
Remise 10 %		22,87
Net commercial ❶		205,80
Escompte 1 % ❷		2,06
Net financier hors taxes		203,74
TVA 5,5 %		11,21
Net TTC		214,95
Retour d'emballages ❸		15,24
Net à votre crédit ❹		230,19

B • Analyse des éléments du document

❶ Le net commercial est établi aux conditions identiques à celles de la facture initiale de vente → débit (707).

⚠ Les réductions commerciales ne s'enregistrent jamais sur une facture d'avoir à condition qu'elles figurent sur la facture initiale de vente.

❷ **L'escompte de règlement** accordé en cas de paiement au « comptant sous huitaine » s'enregistre comme une **diminution de la charge financière** (665).

❸ Les emballages sont retournés en totalité (solde du compte) → débit (496).

❹ Le net à déduire est à rembourser au client ou à déduire au crédit de son compte → 411.

C • Enregistrement comptable

Journal : ventes **Bordereau de saisie**

Date	N° de compte	Libellé	Débit	Crédit
13/09/N	**701**	CLAUDE MALOU, ma facture n° A21	205,80	
	445710		11,21	
	4196		15,24	
	411021			230,19
	665 (2)			2,06

III. AUTRES CAS

Fiche 9

- Facture « avoir » avec réduction commerciale : un rabais.
- L'escompte de règlement peut faire l'objet d'un avoir en cas d'encaissement anticipé.

A • Documents

SOLED Le 13/09/N	Facture n° 162 **Avoir**	PATCRISTIANA
Rabais supplémentaire		152,50
TVA 19,6 %		29,89
Net à déduire		182,39

SOLED Le 13/09/N	Facture n° 276 **Avoir**	JEAN-CLAUDE
Escompte pour règlement anticipé		7,84
TVA 5,5 %		0,43
Net à déduire		8,27

B • Enregistrement comptable

Journal : ventes **Bordereau de saisie**

Date	N° de compte	Libellé	Débit	Crédit
13/09/N	7097	PATCRISTIANA, mon avoir n° 162	152,50	
	445710		29,89	
	411			182,39
13/09/N	665	JEAN-CLAUDE, mon avoir n° 276	7,84	
	445710		0,43	
	411027			8,27

C • Règles comptables

Comptes	Débit	Crédit
701… ou 706… ou 707… (net commercial)	✗	
44571 (montant de TVA à déduire)	✗	
7085 (port forfaitaire) ou 6242 (débours)	✗	
70**9**1 ou 70**9**6 ou 70**9**7 (**réductions commerciales supplémentaires**)	✗	
665 (montant de l'escompte accordé pour encaissement anticipé)	✗	
4196 (retour d'emballages)	✗	
411 (net à votre crédit ou à déduire)		✗
665 (montant de l'escompte repris)		✗

LES PAIEMENTS, LE VERSEMENT D'UN ACOMPTE

I. PROBLÈME COMPTABLE

Les conditions de paiement, les modes de règlement comme les règles fiscales des acomptes sont déterminants pour la comptabilité.

II. LE CHÈQUE ÉMIS

Fiche 2

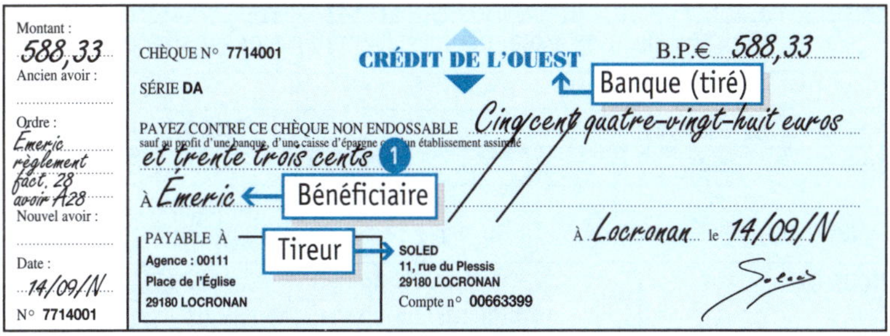

III. ENREGISTREMENT COMPTABLE

Bordereau de saisie

Journal : banque

Date	N° de compte	Libellé	Débit	Crédit
14/09/N	**401009**	ÉMERIC, mon chèque 7714001	588,33	
	512			588,33

Fiche 7

❶ Dans le cas d'un escompte, on l'enregistre au crédit du compte 765 : escomptes obtenus ainsi que la TVA correspondante (44566).

❷ Dans le cas d'un règlement d'une facture en devises étrangères (virement bancaire), on enregistre :

Fiche 5

• *ex.* : 1 franc suisse = 0,645 euro pour la facture F. SCHNEIDER une perte de change (compte 666) au débit → valeur paiement > valeur de facturation
cotation jour paiement > cotation jour facturation.

• *ex.* : 1 franc suisse = 0,6041 euro pour la facture F. SCHNEIDER un gain de change (compte 766) au crédit → valeur paiement < valeur de facturation
cotation jour paiement < cotation jour facturation.

❸ Dans le cas du paiement d'un acompte, il faut distinguer deux cas :

• Acompte de 100 € à JCDBURO
acompte sur un bien : débit → 4091 (bien consommable) ou 238 (bien durable corporel) ou 237 (bien durable incorporel).

• Acompte de 119,60 € à JCDJA, acompte sur une prestation de services ou de travaux immobiliers : débit → 4091 ou 238 ou 237 pour le TTC. Mais en plus, il faut enregistrer la TVA déductible lors d'un paiement : au débit 44566 (TTC/1,taux).

Précomptabilisation

Date : 14/09/N Libellé : JCDBURO

N° de compte	Débit	Crédit
238	100,00	
512		100,00

Précomptabilisation

Date : 14/09/N Libellé : JCDJA

N° de compte	Débit	Crédit
4091	100,00	
44566	19,60	
512		119,60

IV. Règles comptables

Comptes	Débit	Crédit
4091 ou 237 ou 238 (montant HT (bien) ou TTC (service))	✘	
44566 (montant de TVA si prestations de services ou travaux immobiliers)	✘	
401 (montant TTC)	✘	
512		✘

V. Effets acceptés

L'acceptation d'une traite entraîne le 5/09/N l'écriture suivante :

Comptes	Débit	Crédit
404 (montant TTC) ou 401 (ventes de marchandises)	10 309,30	
405 (montant TTC) ou 403 (ventes de marchandises)		10 309,30

Le 15/10/N (avis de débit reçu), l'effet est tenu dans un échéancier (mis à jour dès facturation ou acceptation).

Comptes	Débit	Crédit
405 (montant TTC) ou 403	10 309,30	
512 (montant TTC)		10 309,30

Les frais sont enregistrés lors de la réception du relevé bancaire : 4,57 € HT.

Comptes	Débit	Crédit
6275 (montant HT)	4,57	
44566 (montant TVA du service)	0,90	
512 (montant TTC)		5,47

Si le paiement n'intervient pas, l'effet est prorogé (reporté) avec création d'un nouvel effet majoré d'intérêts :

Comptes	Débit	Crédit
661 (montant HT) intérêts suivant le taux et la durée	144,33	
6275 (montant HT)	4,57	
44566 (montant TVA du service)	0,90	
401 (montant TTC)		149,80

I. PROBLÈME COMPTABLE

Il faut bien identifier les conditions, les modes d'encaissement et les règles fiscales des acomptes.

II. LE CHÈQUE REÇU

Montant : 888,77
Ancien avoir :
Ordre : Soled facture doit 21 avoir A21
Nouvel avoir :
Date : 15/09/N
N° 400621

CHÈQUE N° 400621
SÉRIE DL
BANQUE RÉGIONALE DU SUD-OUEST
B.P.€ 888,77
PAYEZ CONTRE CE CHÈQUE NON ENDOSSABLE Huit cent quatre-vingt-huit euros
sauf au profit d'une banque, d'une caisse d'épargne ou d'un établissement assimilé
et soixante-dix-sept cents
À Soled
À Paris le 15/09/N
PAYABLE À
Agence : 00333
BOULEVARD MONTPARNASSE
75014 PARIS
Claude Malou
21, rue de Castagnary
75015 PARIS
Compte n° 531205

III. ENREGISTREMENT COMPTABLE (BÉNÉFICIAIRE)

Bordereau de saisie

Journal : banque

Date	N° de compte	Libellé	Débit	Crédit
15/09/N	**512**	CLAUDE MALOU, son chèque 400621	888,77	
	411021			888,77

Fiche 9

Dans le cas d'un escompte (encaissement facture « doit » 13 RENÉ), on enregistre l'escompte (665) et la TVA correspondante (44571) au débit (sauf si l'escompte est net de taxes) ainsi que le net reçu = Brut – escompte – TVA au débit du compte banque. Le compte 411... est soldé au crédit.

Précomptabilisation

Date : 15/09/N Libellé : RENÉ

N° de compte	Débit	Crédit
512	540,58	
665	9,55	
411013		550,13

IV. Règles comptables

Comptes	Débit	Crédit
512	✗	
44571 (TVA si escompte hors taxes)	✗	
665 (escompte TTC si net de taxes)	✗	
411 (montant TTC)		✗

V. Remarques

Dans le cas de l'encaissement d'un acompte, il faut distinguer deux cas :

- Acompte de 100 € reçu de Claude Dartois.

Acompte sur un bien ou une prestation de services (**TVA sur les débits**) : crédit → 4191 (bien consommable) et débit du compte de trésorerie.

- Acompte de 119,60 € reçu de ACLG.

Acompte sur une prestation de services ou de travaux immobiliers : crédit → 4191 (bien consommable) pour le HT et débit TTC du compte de trésorerie. Mais en plus, il faut enregistrer l'encaissement de la TVA exigible sur les encaissements au crédit : 445710 (TTC/1,taux).

Précomptabilisation

Date : 14/09/N Libellé : Claude Dartois

N° de compte	Débit	Crédit
512	100,00	
4191		100,00

Précomptabilisation

Date : 14/09/N Libellé : ACLG

N° de compte	Débit	Crédit
512	119,60	
445710		19,60
4191		100,00

VI. Règles comptables

Comptes	Débit	Crédit
512	✗	
4191 (montant TTC)		✗
44571 (TVA si prestations de services ou travaux immobiliers)		✗

VII. Effets acceptés

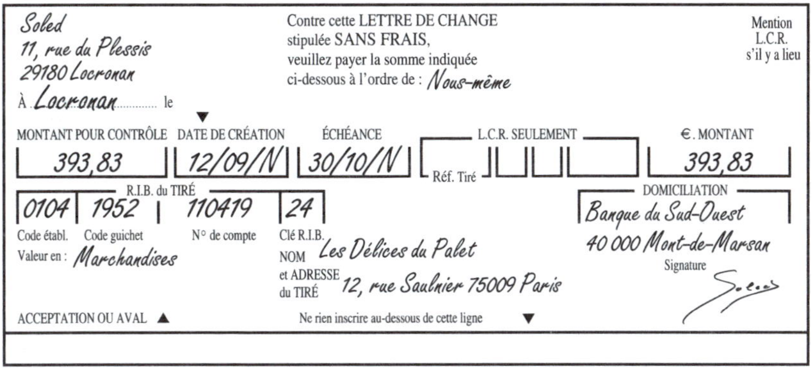
Soled
11, rue du Plessis
29180 Locronan
À Locronan .... le

Contre cette LETTRE DE CHANGE
stipulée SANS FRAIS,
veuillez payer la somme indiquée
ci-dessous à l'ordre de : Nous-même

Mention
L.C.R.
s'il y a lieu

MONTANT POUR CONTRÔLE	DATE DE CRÉATION	ÉCHÉANCE	L.C.R. SEULEMENT (Réf. Tiré)	€. MONTANT
393,83	12/09/N	30/10/N		393,83

R.I.B. du TIRÉ			
Code établ.	Code guichet	N° de compte	Clé R.I.B.
0104	1952	110419	24

Valeur en : Marchandises

NOM et ADRESSE du TIRÉ : Les Délices du Palet, 12, rue Saulnier 75009 Paris

DOMICILIATION : Banque du Sud-Ouest, 40 000 Mont-de-Marsan

Signature

ACCEPTATION OU AVAL ▲

Ne rien inscrire au-dessous de cette ligne ▼

L'acceptation de cette traite entraîne le 15/09/N l'écriture suivante : **1**

Comptes	Débit	Crédit
413 (montant TTC)	393,83	
411 (montant TTC)		393,83

Le 20/10/N, lorsque je remets cet effet à l'encaissement ou à l'escompte à mon banquier, cela entraîne l'écriture suivante : **2**

Comptes	Débit	Crédit
5113 (montant TTC) ou 5114 (remise à l'escompte)	393,83	
413 (montant TTC)		393,83

Le 23/09/N (avis de crédit reçu), l'effet est tenu dans un échéancier (mis à jour dès facturation ou acceptation) : **3**

Comptes	Débit	Crédit
512 (montant TTC)	393,83	
5113 (montant TTC) ou 5114 (remise à l'escompte)		393,83

Les frais sont enregistrés lors de la réception du relevé bancaire : **4** 4,57 € (TVA : 19,6 %).

Comptes	Débit	Crédit
6275 (montant HT)	4,57	
44566 (montant TVA du service)	0,90	
512 (montant TTC)		5,47

En cas d'escompte (négociation = vente), les frais sont enregistrés lors de la réception du relevé bancaire : (4)

Comptes	Débit	Crédit
661 (montant des intérêts) $i = (VN \times T \times N)/360$	2,35	
6275 (montant forfaitaire contractuel : de 2,74 à 4,57 € par effet)	3,00	
44566 (montant TVA : 19,6 % du service)	0,59	
512 (montant des agios TTC)		5,94

⚠ Si l'encaissement n'intervient pas, l'effet est prorogé (reporté) avec création d'un nouvel effet majoré d'intérêts : intérêts (1,5 % par mois).

Comptes	Débit	Crédit
411 (montant TTC)	7,07	
7631 (montant HT)		5,91
44571 (montant TVA du revenu)		1,16

Ensuite lors de l'acceptation du nouvel effet majoré :

Comptes	Débit	Crédit
413 (montant majoré)	400,90	
411 (montant majoré)		400,90

VIII. Règles comptables

Comptes	Débit	Crédit
413 (1)	✗	
411		✗
5113 ou 5114 (2)	✗	
413		✗
512 (3)	✗	
627 ou/et 661	✗	
44566	✗	
5113 ou 5114		✗

L'ÉTAT DE RAPPROCHEMENT, LES CONTRÔLES DIVERS (LETTRAGE)

I. PROBLÈME COMPTABLE

Il faut analyser les documents, et lettrer les sommes « réciproques » dans les comptes.

II. DOCUMENTS NÉCESSAIRES

Client : *Soled*			État de rapprochement de banque à la date du *31/08/N*		Réf. : *3108*
Exercice : *N*			*Crédit de l'Ouest (euros)*		Collab : *DA*
Comptabilité	**Débit**	**Crédit**	**Banque**	**Débit**	**Crédit**
Solde du compte	*2 319,52*		Solde au relevé		*3 295,19*
Opérations comptabilisées			Opérations non comptabilisées		
par la banque :			par la banque :		
			Chèque 213	*975,67*	
Total	*2 319,52*		Total	*975,67*	*3 295,19*
Solde réel		*2 319,52*	Solde réel	*2 319,52*	

CRÉDIT DE L'OUEST	SOLED 11, rue du Plessis 29180 Locronan		Relevé de compte	
Relevé d'opérations poste principal en euros		Date : 15/09/N	N° de compte : 531205	
Date	**Référence**	**Débit**	**Crédit**	**Valeur**
01/09	solde précédent		(1) 3 295,19	01/09
02/09	chèque 213	X 975,67		31/08
03/09	chèque 214	(2) A 3 323,39		01/09
05/09	remise effets		D 701,27	06/09
07/09	virement Anthony		571,68	09/09
09/09	chèque 215	B 795,02		07/09
09/09	chèque 216	C 369,69		07/09
11/09	intérêts	D 45,73		08/09
13/09	agios (dont TVA : 0,90)	5,47		11/09
	total	5 514,97	4 568,14	
15/09	solde débiteur		(3) 946,83	

Compte 512 Crédit de l'Ouest

1	BQ	01/09/N	C00901	solde au 01/09/N	2 319,52 (1)		2 319,52
2	BQ	03/09/N	C00902	effet encaissé	**D** 655,54		2 975,06
3	BQ	03/09/N	C00903	chèque 214	(2)	**A** 3 323,39	– 348,33
4	BQ	05/09/N	C00904	chèque 215		**B** 795,02	– 1 143,35
5	BQ	07/09/N	C00905	chèque 216		**C** 369,69	– 1 513,04
6	BQ	09/09/N	C00906	chèque 217		79,01	– 1 592,05
				solde créditeur	2 975,06	4 567,11	(3) – 1 592,05

III. Analyse des éléments : procédure

(1) Il faut vérifier l'égalité des soldes initiaux (début de période : ici le 01/09/N) dans le compte 512 : banque dans nos livres et sur le relevé bancaire → soldes en sens inverse (principe de la réciprocité des comptes).

(2) Il faut lettrer les sommes identiques opposées : *ex.* : chèque 214 au crédit du compte 512 et au débit de l'extrait de compte Crédit de l'Ouest. Lettre **A**.

Il faut :

- reporter les soldes finaux (3) :
  - solde figurant au débit du relevé ou extrait de compte :
    → débit du relevé → 946,83 ;
  - solde figurant au crédit du compte 512 :
    → crédit du compte 512
    → 1 592,06 ;
- reporter les sommes dans le tracé de l'état de rapprochement (4) :
  - débit sur le relevé → crédit du compte 512 ;
  - crédit du compte 512 → débit de Crédit de l'Ouest de l'état ;
- déterminer les soldes rectifiés égaux mais de sens inverse (5).

(6) Il faut passer les écritures des opérations non lettrées dans le compte 512.

(7) Il faut vérifier que :

Solde final du compte banque (512)
+ Débit des écritures suite à l'état de rapprochement
– Crédit des écritures suite à l'état de rapprochement

=

Solde rectifié du compte 512.

IV. Tracé de l'état de rapprochement

État de rapprochement au 16/09/N

Compte 512 dans nos livres			À la banque : Crédit de l'Ouest		
Libellé	**Débit** ❶	**Crédit** ❹	**Libellé**	**Débit**	**Crédit**
Solde au 15/09/N		1 592,05	Solde au 15/09/N	946,83	
Virement Anthony ❷	571,68		Chèque 217	79,01	
Agios (dont TVA : 0,90) ❸		5,47			
Solde créditeur rectifié	**1 025,84**		**Solde débiteur rectifié**		**1 025,84**
Total	1 597,52	1 597,52	Total	1 025,84	1 025,84

V. Enregistrement comptable

Bordereau de saisie

Journal : banque

Date	N° de compte	Libellé	Débit	Crédit
16/09/N	**512** ❶	Suivant état de rapprochement 09	571,68	
	411006 ❷			571,68
	6278 ❸		4,57	
	44566 ❸		0,90	
	512 ❹			5,47

Vérification : solde final de 512 → crédit de 1 592,05 €
écritures crédit → 5,47 €
écritures débit → 571,68 €

Solde rectifié : 1 025,84 €

VI. Conseils

En cas de nombreuses sommes : on lettre ainsi **AA**, **AB**, **AC**, etc.

En cas d'inégalité : se reporter et utiliser l'état précédent.

Quelquefois, il faut calculer le solde, surtout au journal de banque ou dans le compte 512.

VII. Règles comptables

Comptes	Débit	Crédit
512 (total des sommes débitées)	✗	
411 ou 413 ou 76, etc.		✗
627 ou 403 ou 405 ou 6…	✗	
44566	✗	
512 (total des sommes créditées)		✗

Remarques :

Lettrage d'autres comptes :

- clients compte collectif
  ou la comptabilité auxiliaire ;
- fournisseurs.

L'affacturage, le crédit-bail, le CMCC, la loi Dailly

I. Problème comptable

À partir des documents, il faut identifier la nature de l'opération facturée.

II. Document

Factor-Bretagne (1)
35023 Rennes Cedex
Le 17/09/N — N° 3391

Soled
11, rue du Plessis
29180 Locronan

Créances	Montant	Échéance
Les Délices du Palet	393,83	30/10/N
Daparis	1 555,40	15/10/N
Total (2)	1 949,23	

(1) L'entreprise Soled a conclu un contrat avec Factor-Bretagne. Elle transmet ses créances sur clients avant l'échéance en les escomptant (vendant) auprès de cette société de factoring. Les clients paieront directement au factor. Soled reste solidairement responsable jusqu'à l'extinction de la dette.

(2) Le « factor » perçoit :
- **une commission d'affacturage** 4 % + commission fixe : 19,06 € + la TVA (19,6 %),
- **une commission d'escompte** (e = Valeur nominale × Taux/100 × Nombre de jours/360). Dans notre cas : Taux = 6,5 %. Il versera le net à Soled.

III. Enregistrement comptable

Bordereau de saisie

Journal : opérations diverses (OD)

Date	N° de compte	Libellé	Débit	Crédit
17/09/N	**467**	Factor-Bretagne, son relevé n° 3391	1 821,91	
	6225		97,03	
	668		11,27	
	44566		19,02	
	411017			393,83
	411012			1 555,40

IV. Le crédit-bail

Landes-Bail 40990 Saint-Paul-les-Dax Le 17/09/N	**Facture** n° 859	**Soled** 11, rue du Plessis 29180 Locronan
Loyer sur Malaxeur Xy TVA 19,6 % (1)		641,81 125,79
Total TTC		767,60

⚠ Le taux de TVA s'appliquant au loyer est celui du bien loué.

Bordereau de saisie

Journal : opérations diverses (OD)

Date	N° de compte	Libellé	Débit	Crédit
17/09/N	**6122**	Landes-Bail, sa facture n° 859	641,81	
	44566		125,79	
	512 ou 467			767,60

V. Le crédits de mobilisation des créances commerciales (CMCC)

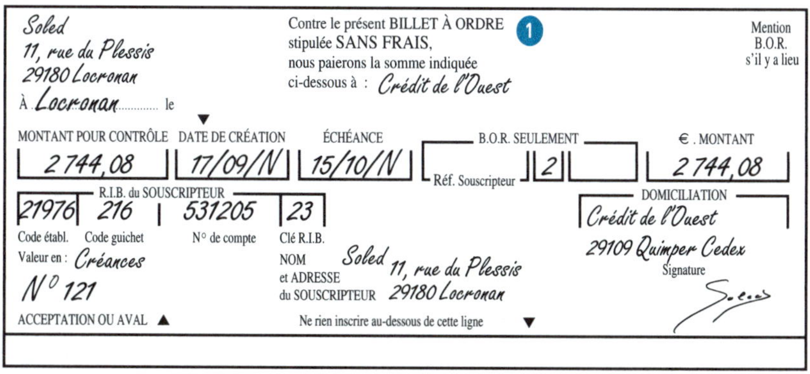
Soled
11, rue du Plessis
29180 Locronan
À Locronan .... le
Contre le présent BILLET À ORDRE (1)
stipulée SANS FRAIS,
nous paierons la somme indiquée
ci-dessous à : Crédit de l'Ouest
Mention B.O.R. s'il y a lieu
MONTANT POUR CONTRÔLE : 2 744,08
DATE DE CRÉATION : 17/09/N
ÉCHÉANCE : 15/10/N
B.O.R. SEULEMENT – Réf. Souscripteur : 2
€ . MONTANT : 2 744,08
R.I.B. du SOUSCRIPTEUR : 21976 | 216 | 531205 | 23
Code établ. – Code guichet – N° de compte – Clé R.I.B.
DOMICILIATION : Crédit de l'Ouest
29109 Quimper Cedex
Valeur en : Créances
N° 121
NOM et ADRESSE du SOUSCRIPTEUR : Soled 11, rue du Plessis 29180 Locronan
Signature
ACCEPTATION OU AVAL ▲
Ne rien inscrire au-dessous de cette ligne ▼

(1) Avant l'échéance des créances clients, l'entreprise Soled souscrit le 17/09/N un billet à l'ordre de la banque pour le montant des valeurs nominales des créances.

(2) Il faut porter en banque le net = brut – commission – TVA – escompte.

(3) L'escompte est calculé d'après le taux et le nombre de jours séparant la date d'émission du billet à ordre et son échéance.

(4) La commission taxable à 19,6 % est fixe : 4,57 € par effet de commerce.

(5) Le compte **CMCC** est toujours tenu à la **valeur nominale**.

Bordereau de saisie

Journal : opérations diverses (OD)

Date	N° de compte	Libellé	Débit	Crédit
17/09/N	512 ❷	CRÉDIT DE L'OUEST, mon billet à ordre n° 121	2 708,12	
	661 ❸		30,49	
	627 ❹		4,57	
	44566		0,90	
	5191 ❺			2 744,08

⚠ 5191 : crédit de mobilisation des créances commerciales (CMCC). Lorsque les clients règlent, il faut passer l'écriture suivante :

Bordereau de saisie

Journal : opérations diverses (OD) ou banque

Date	N° de compte	Libellé	Débit	Crédit
15/10/N	**512**	Règlement des clients EDMOND, MOMO	2 744,08	
	411XXX			2 744,08

À l'échéance du billet à ordre, il faut payer la dette.

Bordereau de saisie

Journal : opérations diverses (OD) ou banque

Date	N° de compte	Libellé	Débit	Crédit
15/10/N	**5191**	CRÉDIT DE L'OUEST, BÀO n° 121 à échéance	2 744,08	
	512			2 744,08

VI. LA CESSION DES CRÉANCES PROFESSIONNELLES : LOI DAILLY

CRÉDIT DE L'OUEST
29109 Quimper Cedex

Bordereau de cession des créances professionnelles ❶

SOLED
11, rue du Plessis
29180 Locronan

Le 17/09/N

N° 8591

Créances	Montant	Échéance
ALDERMAN	1 425,40	10/10/N
ALDERMAN	391,44	10/10/N
Total	1 816,84	

❶ La banque retient 20 % à titre de garantie (compte 5122) surtout lorsqu'il s'agit de créances étrangères.

Bordereau de saisie

Journal : banque

Date	N° de compte	Libellé	Débit	Crédit
17/09/N	**5121**	Crédit de l'Ouest, son bordereau de cession des créances professionnelles n° 8591	1 453,47	
	5122		363,37	
	4116			1 816,84

On subit les mêmes agios que lors d'un CMCC (avis de débit).

On dépose la somme sur le compte à l'échéance :

Bordereau de saisie

Journal : banque

Date	N° de compte	Libellé	Débit	Crédit
10/10/N	**512**	Crédit de l'Ouest, son bordereau de cession des créances professionnelles n° 8591 (**extourne**)	1 816,84	
	5121			1 453,47
	5122			363,37

On solde le compte clients lors des échéances :

Bordereau de saisie

Journal : opérations diverses (OD)

Date	N° de compte	Libellé	Débit	Crédit
10/10/N	4116	Règlement du client Alderman	1 816,84	
	411127			1 816,84

I. PROBLÈME COMPTABLE

À partir d'un plan de remboursement d'un emprunt ou d'un prêt, il faut comptabiliser les trimestrialités, semestrialités ou annuités.

II. DOCUMENT

Emprunt SOLED N° 750160 au CRÉDIT DE L'OUEST

Année	Capital dû ❶	Intérêts ❷	Amortissement ❸	Annuité ❹	Capital restant dû
N	24 400,00	1 586,00	6 100,00	7 686,00	18 300,00
N + 1	18 300,00	1 189,50	6 100,00	7 289,50	12 200,00
N + 2	12 200,00	793,00	6 100,00	6 893,00	6 100,00
N + 3	6 100,00	396,50	6 100,00	6 496,50	0,00

III. ANALYSE DES ÉLÉMENTS

❶ L'entreprise SOLED emprunte la somme de 24 400,00 € sur 4 ans (compte 164).

❷ Les **intérêts** sont calculés sur le capital × taux (ici : 6,5 % l'an). **C'est une charge (661).**

❸ L'amortissement est égal au capital emprunté/durée de l'emprunt (ici : 4 ans).

❹ L'annuité est égale à l'amortissement + intérêt. **C'est le montant à rembourser** à l'établissement de crédit.

IV. ENREGISTREMENT COMPTABLE

Bordereau de saisie

Journal : banque

Date	N° de compte	Libellé	Débit	Crédit
18/09/N	6611	CRÉDIT DE L'OUEST, mon emprunt 160 700 sur 4 ans	1 586,00	
	164		6 100,00	
	512			7 686,00

⚠ Si le remboursement concerne deux exercices comptables (c'est le cas ici car l'entreprise SOLED a un exercice comptable du 01/01/N au 31/12/N), il faut passer une écriture de régularisation.

V. Règles comptables

Comptes	Débit	Crédit
6611 (intérêts)	✗	
164 (amortissement du capital emprunté)	✗	
512 (annuité)		✗

VI. Le prêt

Prêt constant AD N° 2428

Année	Capital dû	Intérêts	Amortissement (6)	Annuité (7)	Capital restant dû
n	2 287,24	74,34	428,66	503,00	1 858,58
n + 1	1 858,58	60,40	442,60	503,00	1 415,98
n + 2	1 415,98	46,02	456,98	503,00	959,00
n + 3	959,00	31,17	471,83	503,00	487,17
n + 4	487,17	15,83	487,17	503,00	0,00

(6) L'amortissement croissant (274 : prêt au personnel) est calculé par :
annuité constante – intérêts (revenus des prêts 7626).

(7) L'annuité est calculée par une formule : capital dû × 0,2199156 (taux : 3,25 %).

Bordereau de saisie

Journal : banque

Date	N° de compte	Libellé	Débit	Crédit
01/05/N	512	AD, mon prêt à 3,25 % sur 5 ans	503,00	
	7626			74,34
	2743			428,66

⚠ Si le remboursement concerne deux exercices comptables, il faut passer une écriture de régularisation.

VII. Règles comptables

Comptes	Débit	Crédit
512 (annuité)	✗	
7626 (intérêts)		✗
2743 (amortissement du capital prêté)		✗

I. PROBLÈME COMPTABLE

Il faut établir les bulletins de salaire en respectant le droit du travail, la loi de finances et les règles fiscales.

II. DOCUMENT

SOLED		Emploi :	Comptable	Salariée : 003
11, rue du Plessis		N° SS :	2650529313009 35	Réf. : N 009
29180 Locronan		Coefficient :	633	
Siret : 12162824500001	APE : 513D	Niveau :	Cadre	
URSSAF : 29020009210200				
URSSAF du Finistère B.P. 29		Période :	01/09 au 30/09/N	**Léa LE GUILLOU**
29103 Quimper Cedex		Plafond :	2 682,00	**13, place de l'Église**
Convention collective : Pâtisserie		Entrée :	01/01/N – 2	**29180 Locronan**

Intitulé	Base	Taux	Montant	Part employeur	
Salaire de base	(1) 151,67	(2) 18,35	2 783,14		
Heure supplémentaire 125 % (11)					
Prime assiduité			45,76		
Salaire brut (3)			**2 828,90**		
CSG déductible	(4) 2 744,03	5,10 %	139,95		
Maladie	2 828,90	0,75 %	21,22	12,80 %	362,10
FNAL	2 682,00			0,10 %	2,68
Vieillesse plafonnée	(5) 2 682,00	6,65 %	178,35	8,30 %	222,61
Vieillesse déplafonnée	2 828,90	0,10 %	2,83	1,60 %	45,26
Allocations familiales	2 828,90		–	5,40 %	152,76
Contribution solidarité	2 828,90		–	0,30 %	8,49
Accident de travail	2 828,90			1,00 %	28,29
Chômage TR A + B	2 682,00	2,40 %	67,89	4,00 %	113,16
AGS-FNGS	(6) 2 828,90		–	0,15 %	4,24
Retraite complémentaire					
ARRCO TR A	2 682,00	3,00 %	80,46	4,50 %	120,69
AGIRC TR B	146,90	7,70 %	11,31	12,60 %	18,51
CET	2 828,90	0,13 %	3,68	0,22 %	6,22
APEC	146,90	0,024 %	0,04	0,036 %	0,05
Taxe d'apprentissage (taux + contribution développement)	2 828,90			0,68 %	19,24
Formation continue	2 828,90			0,55 %	15,56
Total des cotisations			**505,73**		**1 119,86**
Net imposable			**2 323,17**		
CSG et CRDS non déductible	2 744,03	2,90 %	79,58		
Net			**2 243,59**		
Indemnités (7)			216,76		
Acompte le 15/09/N (8)			457,35		
Net à payer (10)			**2 003,00**	Coût employeur	(9) **3 948,76**
À conserver sans limitation de durée			Par virement le 30/09/N		

III. ANALYSE DES ÉLÉMENTS

1. Horaire mensuel moyen : (**35 heures** × 52 semaines)/12 mois = 151,67 h.

2. Heures normales : 2 783,14/ 151,67 heures.

Smic : 8,44 €/h au 1er juillet 2007.

3. Salaire brut : Heures normales + (Heures supplémentaires) + Primes.

4. Base de la CSG déductible : Salaire brut × 0,97.

5. Plafond au 01/07/2007 : 2 682 €.

6. Tranche B = Salaire brut – Plafond Sécurité sociale en vigueur.

7. Indemnités : remboursement de frais engagés pour le travail (*ex. : 50 % carte Orange, frais de panier, prime de salissure*) non soumis à cotisations.

8. Acompte : avance sur salaire versé soit les 10 ou 20 du mois ; ou en général le 15 du mois.

9. Coût employeur : Salaire Brut + Cotisations patronales (coût économique). Réduction Fillon sur les bas salaires.

10. Net à payer = Salaire brut – Cotisations salariales – CSG et CRDS non déductible + Indemnités – Acompte – Saisie-arrêt.

11. Il peut y avoir des heures supplémentaires : 18,35 × 1,25 (les 36e à 43e heures sont bonifiées de 25 %, les 5 autres au-delà : 50 %).
Ex. : non cadre payé 10,20 € → 12,75 € puis au-delà de la 43e heure : 15,30 €.
Heures supplémentaires majorées et exonérées à partir du 1er octobre 2007.

Soled est une entreprise de moins de 20 salariés. Les heures supplémentaires sont payées selon le barème de la convention collective de la patisserie. D'autres avantages sont obtenus par une convention ou des accords d'entreprise.

Remarque :
Si le salaire brut est inférieur au plafond de la Sécurité sociale (non cadre), les cotisations sont calculées seulement à partir du salaire brut. Mais il n'y a pas de cotisation chômage, de retraite complémentaire TRB, de CET et d'APEC.
Les principes de calcul et de comptabilisation restent toujours les mêmes.

I. PROBLÈME COMPTABLE

Il faut enregistrer avec soin les bulletins de paie, les cotisations patronales, les retenues dues aux organismes sociaux et les salaires à verser au personnel.

II. DOCUMENT

Salaire de base **64**11 (salaires, appointements)	+	Débit
Prime, heures sup., avantages en nature, congés payés (**64**12) **64**13 (primes et gratifications)	+	Débit
Absences	–	Crédit
Retenues salariales URSSAF, ASSEDIC, ARRCO, AGIRC, mutuelles, à verser aux tiers, organismes sociaux (43)	–	Débit →
Indemnités non soumises à cotisations sociales (**64**14)	+	Débit
Retenues acompte (425), saisie-arrêt (427 : oppositions), avantages en nature	–	Crédit
Net à payer au salarié **42**1 : personnel, rémunérations dues	–	Crédit

Débit charge	**Organismes sociaux**	**Crédit** dette
6451	URSSAF	431
6454	ASSEDIC	4374
6453 64531 64532 64533	*Caisses de retraite* ARRCO AGIRC APEC	*4373* 43731 43732 43733
6452	Mutuelles	4372
6458	Autres organismes sociaux	4378

III. ENREGISTREMENT COMPTABLE DES BULLETINS DE SALAIRE (FICHE 18), DES CHARGES SALARIALES ET PATRONALES

Fiche 18

Bordereau de saisie

Journal : salaires

Date	N° de compte	Libellé	Débit	Crédit
30/09/N	6411	Le Guillou, son salaire de septembre	2 783,14	
	6413		45,76	
	6414		216,76	
	6451	Le Guillou, charges patronales septembre	822,19	
	6454		117,40	
	64531	ARCCO	120,69	
	64532	AGIRC	24,73	
	64533	APEC	0,05	
	6458		34,80	
	431	421,93 (cot. sala.) + 822,19 (patr.)		1 244,12
	4374	67,89 + 117,40		185,29
	43731	80,46 + 120,69		201,15
	43732	14,99 + 24,73		39,72
	43733	0,04 + 0,05		0,09
	4374			34,80
	425			457,35
	421**003**			2 003,00

IV. RÈGLES COMPTABLES

Comptes	Débit	Crédit
6411	✗	
6412 et/ou 6413 et/ou 6414	✗	
6451	✗	
6454	✗	
6453 (à ventiler selon les différentes caisses de retraite)	✗	
6452 ou 6458	✗	
431		✗
4373 (à ventiler selon les différentes caisses de retraite)		✗
4374		✗
421 (+ matricule de l'employé)		✗
425 et/ou 427		✗

I. PROBLÈME COMPTABLE

Les TVA collectées auprès des clients, comme les TVA déductibles payées aux fournisseurs font l'objet d'une comptabilité rigoureuse afin d'établir les déclarations obligatoires et de verser au Trésor public la somme due.

II. DOCUMENTS

A • Extrait de la balance du 30/09/N

N° des comptes	Comptes	Débit	Crédit
4452	TVA due/acquisitions intracommunautaires		8,17
44562	TVA/immobilisations	1 874,97	
44566	TVA/autres biens et services	540,84	
445662	TVA/acquisitions intracommunautaires	8,17	
44567	Crédit de TVA		
44571055	TVA collectée 5,5 %		70,92
44571196	TVA collectée 19,6 %		340,92

B • Extrait de la déclaration CA3 (voir en page suivante)

III. ANALYSE DES ÉLÉMENTS

Le document ne comporte pas de cents (règle fiscale). Il faut appliquer les règles d'arrondis depuis le 1er janvier 1999 (euro le plus proche).

❶ On fait le total des ventes HT (septembre) quel que soit le taux.

❷ On inscrit le montant des acquisitions intracommunautaires du mois.

❸ Il faut détailler la TVA collectée (445710) selon les taux (attention : on arrondit sur le total uniquement). Ne pas oublier la TVA sur les acquisitions intracommunautaires (compte 4452).

❹ Il ne faut pas omettre d'extraire la TVA sur les acquisitions intracommunautaires : compte 4452.

A MONTANT DES OPÉRATIONS RÉALISÉES

OPÉRATIONS IMPOSABLES (H.T.)			OPÉRATIONS NON IMPOSABLES		
01 Ventes, prestations de services		(1) 1 461	04 Exportations hors CE	0032	610
02 Autres opérations imposables		1 525	05 Autres opérations non imposables	0033	
03 Acquisitions intracommunautaires dont ventes à distance et/ou opérations de montage : ( )	0031	(2) 149	06 Livraisons intracommunautaires	0034	1 426

B DÉCOMPTE DE LA TVA À PAYER

OPÉRATIONS IMPOSABLES (lignes 1 à 3 ventilées par taux)		Base hors taxe	Taxe due
07 Taux 19,6 % (3)	0205	1 438	79
08 Taux 5,5 %	0100	1 740	340
09 Anciens taux	0900		
10 Opérations imposables à un taux particulier (décompte effectué sur annexe 3310 A)	0950		
11 Opérations réalisées dans les DOM	0920		
12			
13 TVA antérieurement déduite à reverser (et pour les redevables RSI crédit au 31-12 dont le remboursement a été demandé)	0600		
14 **Total (lignes 07 à 13)**			419
15 Dont TVA sur acquisitions intracommunautaires	0035		(4) 8

DÉDUCTIONS

16 Biens constituant des immobilisations	0703		1 875
17 Autres biens et services (5)	0702		550
18 Autre TVA à déduire			
19 Report du crédit apparaissant ligne 24 de la précédente déclaration	8001		
20 **Total (lignes 18 + 19)**	0701		
21 **Total (lignes 16 + 17 + 20)**			2 425

Indiquer ici le pourcentage de déduction applicable pour la période s'il est différent de 100 % [%]

CRÉDIT			TAXE À PAYER		
22 Crédit de TVA (ligne 21 – ligne 14)	0705	(8) 2 006	25 TVA nette due (ligne 14 – ligne 21)		(7)
23 Remboursement demandé sur formulaire n° 3519 joint	8002	(10)	26 Taxes assimilées calculées sur annexe n° 3310 MA	9979	
24 Crédit à reporter ligne 19 de la prochaine déclaration	8003	(6)	27 Sommes à imputer y compris acompte congés	9989	
			28 Sommes à ajouter y compris acompte congés	9999	

Attention ! Une situation de TVA créditrice (ligne 22 servie) ne dispense pas du paiement des taxes assimilées déclarées ligne 26.

Total à payer .... (9)
(N'oubliez pas de joindre le règlement correspondant)

La loi n° 78-17 du 6 janvier 1978 modifiée relative à l'informatique, aux fichiers et aux libertés, garantit aux déclarants un droit d'accès et de rectification pour les données les concernant auprès du centre des Impôts dont ils relèvent.

❺ Tous les taux de TVA déductible sont confondus (arrondi du total seulement) → 44566.

Il ne faut pas oublier de mettre le montant de la TVA des acquisitions intracommunautaires (compte 445662).

❻ On fera apparaître sur la prochaine déclaration le crédit de TVA : compte 44567.

❼ Si ligne 14 > ligne 21, c'est un excédent de TVA collectée ; il faut donc décaisser de la TVA : compte 44551.

❽ Si ligne 21 > ligne 14, c'est un excédent de TVA déductible ; il y a donc une créance de TVA sur l'État (à reporter sur la prochaine déclaration) : compte 44567.

❾ Montant de TVA à payer par chèque ou obligation cautionnée auprès du Trésor public.

❿ Montant du crédit de TVA à déduire ou à rembourser (conditions : 3 mois consécutifs de crédit et le cumul des 3 crédits > 762,25 €).

IV. Enregistrement comptable

Il suffit de solder les comptes de TVA (avec les **cents**) :

- les comptes de **TVA collectée au débit** ;
- les comptes de **TVA déductible au crédit**.

Bordereau de saisie

Journal : opérations diverses (OD)

Date	N° de compte	Libellé	Débit	Crédit
30/09/N	44571055	CA3, déclaration de septembre	70,92	
	44571206		340,92	
	4452		8,17	
	44567		2 006,00	
	44562			1 874,97
	445662			8,17
	44566			540,84
	758			2,03

Il est préférable d'établir un tableau récapitulatif des comptes de TVA, des comptes d'achats et de ventes du mois ou d'imprimer un extrait du grand livre pour la déclaration et l'enregistrement.

V. Règles comptables

Comptes	Débit	Crédit
44571 (à ventiler selon les taux)	✗	
4452 (identique)	✗	
44567… (déclaration établie ce mois)	✗	
658 (arrondis défavorables)	✗	
44562		✗
44566 (à ventiler selon les taux)		✗
445662 (identique)		✗
44567 (précédente déclaration)		✗
44551		✗
758 (somme des arrondis favorables)		✗

L'ENREGISTREMENT DES IMPOSITIONS ET LEUR RÈGLEMENT PAR L'ENTREPRISE

I. PROBLÈME COMPTABLE

Il faut identifier la **nature** de la **charge** et surtout le **tiers** à l'origine de l'imposition.

II. IMPÔTS

A • Taxe d'apprentissage

CENTRE DES IMPÔTS BP 205 29105 Quimper Cedex Le 09/03/N	**SOLED** 29180 Locronan
Salaires N – 1 : 64 028 ❶ taxe 0,5 %	320,00
Limite de paiement **05/04/N**	320,00

❶ L'entreprise SOLED a déclaré dans sa DADS N – 1 : 64 028 €. Elle est imposée à 0,5 %. C'est une **charge**, un impôt à verser à l'administration des impôts → débit du compte 6312 : taxe d'apprentissage.

Bordereau de saisie

Journal : banque

Date	N° de compte	Libellé	Débit	Crédit
30/03/N	**6312...** ❶	Taxe d'apprentissage N – 1, mon chèque 283801	320,00	
	512			320,00

B • Taxe sur les véhicules de sociétés

CENTRE DES IMPÔTS BP 205 29105 Quimper Cedex Le 30/09/N	**SOLED** 29180 Locronan
Taxes sur les véhicules de sociétés ❷ 306 Symbio D 208ADV 29 **6 CV** Clio entreprise 280 AKS 29 **5 CV**	 1 036,00 1 036,00
Exigible : 01/10/N Limite de paiement : **01/12/N**	2 072,00

❷ La taxe sur les véhicules de sociétés est calculée en fonction de leur puissance fiscale. C'est une **charge**, un impôt à verser au Trésor public → débit du compte 63514 : taxe sur les véhicules de sociétés.

Journal : banque **Bordereau de saisie**

Date	N° de compte	Libellé	Débit	Crédit
30/09/N	**63514** ❷	Taxe voitures société N, mon chèque 7714008	2 072,00	
	512			2 072,00

C • Taxe pour la formation professionnelle

CHAMBRE DE COMMERCE BP 21 29107 Quimper Cedex Le 27/03/N	**SOLED** 29180 Locronan
Salaires N – 1 : 64 028 ❸ taxe 1,5 %	960,00
Exigible : 30/03/N Limite de paiement : **30/04/N**	960,00

❸ La taxe sur la formation professionnelle continue est calculée sur les rémunérations versées au taux de 1,5 %. C'est une **charge**, un impôt à verser à un organisme accrédité → débit du compte 6333 : participation des employeurs à la formation professionnelle continue.

Journal : banque **Bordereau de saisie**

Date	N° de compte	Libellé	Débit	Crédit
30/03/N	**6333...** ❸	Formation professionnelle continue N – 1, mon chèque 283802	960,00	
	512			960,00

Remarques :

Il en est de même pour les autres impositions du service des impôts :

- taxes foncières : 63512, autres impôts locaux : 63513, droit de mutation : 6354; pour les autres organismes :
- versement transport : 6331, allocation logement : 6332.

III. RÈGLES COMPTABLES

Comptes	Débit	Crédit
63... (imposition)	✗	
512 ou **514**		✗

I. PROBLÈME COMPTABLE

Il faut constater l'usure, la perte de valeur des immobilisations et prévoir leur remplacement. C'est le rôle comptable des amortissements de correspondre à l'utilisation réelle du bien (consommation économique selon le PCG de 2005). **C'est la méthode utilisée par défaut (à la plus juste valeur).**

II. DOCUMENTS

CHARLAUTO Bordeaux Le 02/10/N	Facture n° 1002 **Doit**	**SOLED** 29180 Locronan
Espace 5 portes Entreprise VO ❶		15 244,90
TVA 19,6 %		2 988,00
Net toutes taxes comprises		18 232,90
Acompte sur commande du 10/08/N		3 050,00
Net à payer (solde dû)		15 182,90

Durée d'utilisation d'usage immobilisation non-décomposable : 5 ans
Mise en service : 11/10/N

❶ C'est un véhicule d'occasion qui est amorti obligatoirement linéairement ou de façon constante. Ce véhicule connaît une diminution de valeur en raison de son utilisation et de l'apparition de nouveaux modèles. La comptabilité enregistre la répartition de cette perte sur plusieurs années, c'est l'amortissement constant ou linéaire.

Plan d'amortissement linéaire de l'espace entreprise

Valeur d'acquisition HT : 15 244,90
Durée d'utilisation : 5 ans
Taux d'amortissement constant : 20 %

Année	Valeur origine (VO)	Annuité (A)	Cumul des amortissements	Valeur nette comptable (VNC)
N	15 244,90	❶ 684,97	684,97	❷ 14 559,93
N + 1	15 244,90	3 048,98	❸ 3 733,95	❹ 11 510,95
N + 2	15 244,90	3 048,98	6 782,93	8 461,97
N + 3	15 244,90	3 048,98	9 831,91	5 412,99
N + 4	15 244,90	3 048,98	12 880,89	2 364,01
N + 5	15 244,90	❺ 2 364,01	15 244,90	0,00

Si la valeur résiduelle est de 2 400 €, on amortira sur la valeur d'origine – 2 400 soit 13 040,90 €.

1. Date de début d'amortissement : **date de mise en service** ou à défaut date de facturation. Si la mise en service a lieu en cours d'exercice comptable, on a une **annuité incomplète.** Elle se calcule ainsi :
Nombre de jours (année civile) à calculer : exercice comptable SOLED : 01/01/N au 31/12/N.
Mise en service le 11/10/N; octobre : (31 – 11) + 1 = 21
ou 31 – 10 (nombre de jours non utilisés) = 21 jours.
Novembre : 30 jours. Décembre : 31 jours ↓ 82 jours ;

$$a = \frac{15\,244{,}90 \times 20 \times 82}{100 \times 365} = 684{,}98$$

2. VNC = VO – A ↑ 15 244,90 – 684,98 (en euros).
Principe de la juste valeur : si la VNC est inférieure à la valeur vénale **et** à la valeur d'usage (cours du marché), on la conserve. Dans le cas contraire, on retient **la plus forte des deux valeurs** (vénale [vente fictive] ou d'usage).

3. Cumul des amortissements = Cumul année précédente + Annuité.

4. VNC = VNC précédente – A **ou** VO – Cumul amortissement.

5. $a = \frac{15\,244{,}90 \times 20 \times 283}{100 \times 365}$ complément 1re ligne.

⚠ Vérification : si mise en service au début de l'exercice ↓ 5 ans = 5 lignes ; si mise en service pendant l'exercice ↓ 5 ans = 5 lignes + 1 (complément 1re annuité).

III. ENREGISTREMENT COMPTABLE

Bordereau de saisie

Journal : opérations diverses (OD)

Date	N° de compte	Libellé	Débit	Crédit
31/12/N	681	Espace, annuité amortissement N	684,97	
	2**8**182			684,97

IV. RÈGLES COMPTABLES

Comptes	Débit	Crédit
681. (montant annuité) : dotation (charge)	✘	
2**8**18. (montant annuité) : perte de valeur de l'élément d'actif		✘

V. REMARQUES

Coût d'acquisition : HT (véhicule utilitaire) ou TTC (véhicule de tourisme).
Durée d'amortissement : constructions 20 ans (5 %) ; mobilier : 5 à 10 ans (20 à 10 %) ; matériel de transport : 4 à 5 ans (25 à 20 %).

⚠ Biens non amortissables : terrains, fonds de commerce, droit au bail, immobilisations financières.

I. PROBLÈME COMPTABLE

Afin de renouveler plus rapidement certains matériels, la loi fiscale autorise un amortissement plus important.

II. DOCUMENTS

JUV'INFO Le 04/09/N	Facture **Doit** n° 12	SOLED
FRECPA ENTREPRISE ❶ Mise en service, suivi ❶ bis Total HT TVA 19,6 %	Durée d'utilisation : 3 ans	3 825,00 175,00 4 000,00 784,00
Net TTC à payer (solde dû)		4 784,00

❶ C'est un matériel informatique qui est amorti de façon dégressive ou décroissante sur plus de 3 ans à partir du coût d'acquisition.

Durée	Taux constant	Coefficient	Taux dégressif
3 ans	33,33	1,25	41,66
4 ans	25,00	1,25	31,25
5 ans	20,00	1,75	36,00
6 ans	16,67	1,75	29,17
7 ans	14,29	2,25	32,15

Taux d'amortissement dégressif : $T' = t$ (taux linéaire) × c (coefficient multiplicateur variable selon la durée)

Plan d'amortissement dégressif

Nature de l'immobilisation : Matériel FRECPTA — Date d'acquisition : 04/09/N
Durée d'utilisation : 3 ans — Coefficient : 1,25

Année	Valeur nette comptable début de période	Annuité	Cumul des amortissements	Valeur nette comptable ou valeur résiduelle	Taux linéaire	Taux dégressif
N	4 000,00	❶ 555,47	555,47	❷ 3 444,53	50,00 %	41,66 %
N + 1	3 444,53	1 722,26	❸ 277,74	❹ 1 722,26	❺ 100,00 %	50,00 %
N + 2	1 722,27	❺ 1 722,26	4 000,00	0,00		

❶ Si la mise en service a lieu en cours d'exercice comptable, on a une annuité incomplète. Elle se calcule ainsi : date de début d'amortissement : **1er jour du mois d'acquisition** → M = nombre de mois

$A = (V0 \times t \times M)/(100 \times 12) = (4\,000 \times 41{,}66 \times 4)/(100 \times 12) = 555{,}47$ €

❷ VNC = VNC début de période – A ↑ 4 000,00 € – 555,47 €.

❸ Cumul des amortissements = Cumul année précédente + Annuité.

❹ VNC = VNC précédente – A ou VNC origine – Cumul amortissement.

❺ $A = (1\,722{,}26 \times 100)/100$ car le taux linéaire est supérieur au taux dégressif $t > T'$.

Taux linéaire = 100/Nombre d'années restant à amortir.
Ex. : après 1 an, il reste 2 ans → 100/2 = 50 % c'est indentique au taux dégressif alors on continue avec le taux dégressif à 50 %.
Ex. : après 2 ans, il reste 1 an → 100/12 = 100 % c'est **supérieur au taux dégressif** alors **on change de méthode en utilisant le taux linéaire à 100 %.**

III. ENREGISTREMENT COMPTABLE

Bordereau de saisie

Journal : opérations diverses (OD)

Date	N° de compte	Libellé	Débit	Crédit
31/12/N	681	FRECPTA ENTREPRISE, annuité amortissement N	555,47	
	2**8**182			555,47

IV. REMARQUES

Il faut respecter les règles de calcul et les règles fiscales telles que :
- matériel neuf amortissable présentant une obsolescence plus rapide que l'amortissement économique linéaire ;
- coût d'acquisition : HT (véhicule utilitaire) ou TTC (véhicule de tourisme).

On prévoit souvent des arrondis à l'euro le plus proche pour le calcul des annuités.
Le tableau d'amortissement comporte toujours autant de lignes que la durée ;
ex. : 5 ans = 5 lignes.

V. RÈGLES COMPTABLES

Comptes	Débit	Crédit
681. (montant annuité) : dotation (charge)	✗	
2**8**18. (montant annuité) : perte de valeur de l'élément d'actif		✗

VI. AMORTISSEMENT DÉROGATOIRE

On peut pratiquer, à titre dérogatoire, pour des raisons fiscales, l'amortissement dégressif plutôt que le linéaire.
Ex. : Table de cuisson durée d'usage : 5 ans durée réelle : 10 ans.
En mode dégressif : $A = (1\,145 \times 35 \times 4)/(100 \times 12) = 133{,}58$ €.
En mode linéaire : $A = (1\,145 \times 10 \times 119)/(100 \times 365) = 37{,}33$ €.
On impute la différence comme charge.

Comptes	Débit	Crédit
68725. (montant Amts valeur vénale – VNC) : dotation (charge)	96,25	
145. (montant annuité) : amortissements dérogatoires		96,25

Dès que l'annuité de l'amortissement fiscal (dégressif) devient inférieure à celle pour dépréciation « normale » (linéaire) on passe l'écriture suivante :

Comptes	Débit	Crédit
145. (montant Amts linéaire-dégressif) : amts dérogatoires	✗	
78725. (montant Amts linéaire-dégressif) : reprise sur amts dérogatoires		✗

À l'issue des 10 années du tableau en mode linéaire, le compte 145 est soldé.

I. PROBLÈME COMPTABLE

Quand un bien amortissable est vendu, il faut enregistrer en premier lieu l'écriture de cession. Mais il ne faut pas oublier de régulariser les comptes d'amortissement liés à cette immobilisation afin qu'ils jouent leur rôle.

II. DOCUMENT

SOLED **29180 Locronan** Le 10/09/N	Facture n° 104 **Doit**	CD 75010 Paris
Cession d'un meuble ❶ TVA 19,6 %		1 524,49 298,80
Net à payer ❷ Billet de fonds : au 23/09/N : 1/4 et au 15/10/N : 3/4 pour solde		1 823,29

❶ La vente du bien mobilier est constatée par le compte 775 produit de cession des éléments d'actif pour son montant HT.

❷ Le paiement s'effectue par billet à ordre appelé billet de « fonds ».

III. ENREGISTREMENT COMPTABLE

Bordereau de saisie

Journal : opérations diverses (OD)

Date	N° de compte	Libellé	Débit	Crédit
31/12/N	462	CD, ma facture de cession n° 104	1 823,29	
	775**2**			1 524,49
	44571			298,80

IV. PROCÉDURE

Il ne faut pas oublier de consulter le compte d'amortissement 2**8**1..., de le compléter par l'amortissement du début d'exercice jusqu'à la date de cession, de saisir l'écriture de solde des comptes afin de déterminer la plus-value ou la moins-value.

Extrait du grand livre année N

N° des comptes	Comptes	Débit	Crédit
2184	Mobilier	3 658,78	
28184	Amortissement mobilier		1 162,42

On se place fin N : il faut calculer l'amortissement du début d'exercice jusqu'à la date de cession du 1/01/N au 09/09/N (dernier jour d'utilisation) : 240 j + 9 j = 249 j.

$$a = \frac{3\,658{,}78 \times 12{,}5 \times 249}{100 \times 360} = 316{,}33 \text{ €}$$

On saisit deux écritures :

• écriture de régularisation ou complément des amortissements :

Bordereau de saisie

Journal : opérations diverses (OD)

Date	N° de compte	Libellé	Débit	Crédit
31/12/N	6811	complément d'amortissement année N mobilier cédé	316,33	
	28184			316,33

• écriture de soldes des comptes :

Bordereau de saisie

Journal : opérations diverses (OD)

Date	N° de compte	Libellé	Débit	Crédit
31/12/N	28184	CD, ma facture de cession n° 104	1 478,75	
	675		2 180,03	
	2184			3 658,78

Détermination de la + ou – value (qui n'apparaît que dans le compte de résultat et dans les SIG) :

Compte de charges	Compte de produits	Comparaison	Résultat
675	775	675 > 775	+ value de cession
675	775	675 < 775	– value de cession

Pour cette cession, il s'agit d'une moins-value de cession 2 180,03 > 1524,49 → moins-value de 655,54 €.

V. RÈGLES COMPTABLES

Comptes	Débit	Crédit
Cession		
462	✗	
775 (.) suivant la nature de l'immobilisation		✗
44571		✗
Dotation complémentaire (identique à un amortissement)		
6811	✗	
281...		✗
Soldes des comptes d'immobilisation		
281... (cumul des amortissements)	✗	
675(.) différence des comptes 218. – 281...	✗	
218. (sortie au prix d'achat)		✗

FICHE 25

LES PROVISIONS POUR CRÉANCES DOUTEUSES

I. PROBLÈME COMPTABLE

Les clients peuvent connaître des difficultés de trésorerie. Il faut donc enregistrer les créances devenues douteuses, puis les suivre afin de connaître la situation réelle (évolution favorable ou défavorable).

II. DOCUMENTS

MAÎTRE LATABLE
23, rue du Grand Restaurant
91770 Monrepas

Monrepas,
le 05/10/N

SOLED
11, rue du Plessis
29180 Locronan

Objet : recouvrement contentieux

Monsieur,

Je vous informe que les clients suivants présentent des difficultés de paiement :

- HONORÉ : provisionner 30 % de sa créance HT (1)
- TATIN : on pense recouvrir 40 % de notre créance (2)
- GRIOTTE : client devenu insolvable (actif réalisé insuffisant pour les créanciers chirographaires)* (3)

Veuillez agréer, monsieur, l'expression de mes meilleurs sentiments.

O. Latable

Clients	Créances TTC au 31/12/N (5,5 %)	Créances HT au 31/12/N	Provisions au 31/12/N – 1
HONORÉ	2 010,42	1 905,61	
TATIN	1 353,01	1 282,47	512,99
GRIOTTE	390,14	369,80	258,86
Total	**3 753,57**	**3 557,89**	**771,85**

1 HONORÉ

Il faut constater la nouvelle situation du client et enregistrer une charge pour cet exercice puisque nous devons actualiser et réajuster la créance.

En contrepartie au crédit, on utilisera le compte 4911.

2 TATIN

Il faut donc obligatoirement **provisionner 60 % (perte probable)** de la créance HT en tenant compte de la provision existante.

3 GRIOTTE

Il devient irrécouvrable. Il faut saisir le montant HT de sa créance comme une perte sur créance irrécouvrable → 654 au débit ; et le montant de la TVA qui ne sera jamais collectée → 44551 au débit ; solder définitivement la créance due → 416 au crédit. Il faut annuler la provision existante : reprise.

Clients	Créances TTC au 31/12/N	Créances HT au 31/12/N	Provisions au 31/12/N - 1	Provisions au 31/12/N	Dotations	Reprises	Perte HT	TVA/Perte
HONORÉ	2 010,42	1 905,61		571,68	571,68			
TATIN	1 353,01	1 282,47	512,99	769,48	256,49			
GRIOTTE	390,14	369,80	258,86			258,86	369,80	20,34
Total	**3 753,57**	**3 557,89**	**771,85**	**1 341,16**	**828,17**	**258,86**	**369,80**	**20,34**

* Les créanciers chirographaires sont privés de tout privilège et sont payés proportionnellement au montant de leurs créances sur ce qui reste à distribuer après paiement des créanciers privilégiés.

III. ENREGISTREMENT COMPTABLE

A • Client douteux et dotations exercice N

Bordereau de saisie

Journal : opérations diverses (OD)

Date	N° de compte	Libellé	Débit	Crédit
31/12/N	416	HONORÉ, lettre MAÎTRE LATABLE	2 010,42	
	411053			2 010,42
31/12/N	68174	Dotation provision HONORÉ et TATIN	828,17	
	491			828,17

B • Reprise de l'exercice et écriture d'insolvabilité de Griotte

Bordereau de saisie

Journal : opérations diverses (OD)

Date	N° de compte	Libellé	Débit	Crédit
31/12/N	491	Reprise provision Griotte	258,86	
	78174			258,86
31/12/N	654	Griotte, lettre Maître Latable	369,80	
	44551		20,34	
	416			390,14

IV. Remarques

Il faut être très attentif aux termes utilisés dans les énoncés :

- perdre (on provisionne le % tel qu'il est fourni) ;
- recouvrer (on provisionne la différence entre 100 % et le % donné dans l'énoncé).

Question	Oui	Non
Le client est-il déjà douteux ?	Passer à la question suivante	Virer le TTC (411) en 416 clients douteux
A-t-il déjà une provision existante ?	Passer à la question suivante	Saisir le % HT en 681 : dotation
Faut-il la compléter ?	Saisir la dotation (provision nécessaire – provision existante)	
Faut-il la diminuer ?	Saisir la reprise (provision existante – provision nécessaire)	
Est-il insolvable ou irrécouvrable ?	Passer l'écriture de perte définitive	

V. Règles comptables

A • Constatation de créances douteuses

Comptes	Débit	Crédit
416… (créances **TTC**)	✗	
411… (créances **TTC**)		✗

B • Dotation (augmentation des doutes de remboursement)

Comptes	Débit	Crédit
68174 (montant créance HT x % provision) (lié à l'exploitation), dotations aux provisions pour dépréciation des créances	✗	
4**9**1… (montant créance HT x % provision) provision pour dépréciation des comptes clients		✗

C • Reprise (diminution des doutes de remboursement)

Comptes	Débit	Crédit
4**9**1… (montant créance HT x % provision)	✗	
78174… (montant créance HT x % provision)		✗

D • Client insolvable ou irrécouvrable

Comptes	Débit	Crédit
654 (valeur de la **créance HT**) (6541 perte irrécouvrable de l'exercice ou 6544 perte irrécouvrable d'exercice antérieur)	✗	
44571 ou **44551** (montant de TVA non collectée)	✗	
416… ou 411… (créances **TTC**)		✗

I. PROBLÈME COMPTABLE

Chaque année, on évalue les stocks (matières premières, marchandises, produits finis). Il faut constater leur valeur ainsi que les régularisations (dépréciation).

II. DOCUMENT

Nature	Stock initial ❶	Stock final ❷	Variation stock	Valeur unitaire stock	Valeur unitaire sur le marché	Provision existante ❸	Provision nécessaire ❹
Farine	149,40	68,60	**80,80**	4,80	0,73	14,94	
Agents levants	6,86	7,32	■ **– 0,46**	0,59	0,63	1,37	
Pâte crêpe	4,73	4,88	**0,15**	0,99	0,95		▲ **0,20**
Crêpes	78,05	69,52	● **– 8,53**	1,49	1,52	19,51	

■ SI < SF le solde du compte 60320 est créditeur, ce qui explique le – 0,46.

● SI > SF le solde du compte 71355 est débiteur, ce qui explique le – 8,53.

▲ Le prix du marché est inférieur à la valeur unitaire finale ; en cas de vente, il y a une perte unitaire de 0,04 €. La provision totale est de 4,88 × 0,04 = 0,20.

III. ANALYSE DES ÉLÉMENTS

❶ Ce stock figure au bilan N – 1 et dans la balance avant inventaire → il faut le solder → crédit du compte 3...

❷ On le détermine par l'inventaire physique → il faut donc le saisir → débit du compte de stocks 3...

❸ Cette provision figure au bilan N – 1 et dans la balance avant inventaire → il faut la solder → débit de 39...

❹ La provision est à créer en cas de perte probable (dotation) → crédit du compte 39...

Pour les matières premières (311), fournitures consommables (322.), marchandises (371) : Variation de stock (603.) = Stock initial – Stock final.

Si SI > SF	Variation positive (solde débiteur) que l'on ajoute aux achats dans le compte de résultat.
Si SI < SF	Variation négative (solde créditeur) que l'on retranche des achats dans le compte de résultat.

Pour les stocks de produits en cours (331), produits semi-finis (351), produits finis (355) : Variation de stock (713.) = Stock final – Stock initial.

Si SI > SF	Variation négative (solde débiteur) que l'on retranche des ventes dans le compte de résultat.
Si SI < SF	Variation positive (solde créditeur) que l'on ajoute aux ventes dans le compte de résultat.

IV. Enregistrement comptable de la farine et des crêpes

Bordereau de saisie

Journal : opérations diverses (OD)

Date	N° de compte	Libellé	Débit	Crédit
31/12/N	60310	Annulation stock initial (1)	149,40	
	71355		78,05	
	310			149,40
	355			78,05
31/12/N	3910	Annulation provision stock initial (3)	14,94	
	3955		19,51	
	78173			34,45
31/12/N	310	Création stock final (2)	68,60	
	355		69,52	
	60310			68,60
	71355			69,52
31/12/N	68173	Création provision stock final (4)	0,20	
	3951			0,20

V. Règles comptables

Comptes	Débit	Crédit
Annulation stock initial		
603…	✗	
713.	✗	
310 ou 370		✗
331 ou 351 ou 355		✗
Annulation provision stock initial		
3910 ou 3970	✗	
3931 ou 3951 ou 3955	✗	
78173		✗
Création stock final		
310 ou 370	✗	
331 ou 351 ou 355	✗	
603.		✗
713.		✗
Création provision stock final		
68173	✗	
3910 ou 3970		✗
3931 ou 3951 ou 3955		✗

I. PROBLÈME COMPTABLE

Les titres achetés ont des cours qui varient. Il faut constater leur dépréciation (non irréversible) ou l'annuler en cas d'augmentation de leur valeur.

II. DOCUMENT

N° compte	Titres	Prix d'achat unitaire	Quantité	Date d'achat	Provision au 31/12/N - 1	Cours moyen au 31/12/N
261	Yanis ❶	15,24	1 000	01/07/N-2		13,72
27111	Dimitri ❷	189,80	50	01/10/N-2	320,14	214,04
27112	Almeric ❸	121,96	40	15/08/N-1	228,67	114,34
503	JCD ❹	99,09	80	20/05/N		97,57

III. ANALYSE DES ÉLÉMENTS

❶ C'est un **titre de participation** acheté dans le but d'améliorer l'amont ou l'aval de l'exploitation de l'entreprise.

❷ Ce titre est une action achetée afin de participer à la vie de l'entreprise (minoritaire).

❸ Ce titre est une action conservée par l'entreprise.

❹ Ce titre est une action : valeur mobilière de placement (VMP) achetée pour réaliser un gain spéculatif (placement d'un excédent de trésorerie).

N° compte	Titres	Quantité	– value unitaire au 31/12/N	– value totale au 31/12/N	Provision nécessaire	Provision existante	Dotation	Reprise
261	Yanis ❶	1 000	1,52	1 520	1 520		1 520	
27111	Dimitri ❷	50	0,00	0	0	320,14		320,14
27112	Almeric ❸	40	7,62	304,80	304,80	228,67	76,13	
503	JCD ❹	80	1,52	121,60	121,60		121,60	

IV. Enregistrement comptable

Bordereau de saisie

Journal : opérations diverses (OD)

Date	N° de compte	Libellé	Débit	Crédit
31/12/N	68662	Dotations Yanis	1 520,00	
	2**9**61			1 520,00
31/12/N	2**9**7111	Dimitri, reprise	320,14	
	78662			320,14
31/12/N	68662	Almeric, dotation	76,13	
	2**9**7112			76,13
31/12/N	68665	JCD, dotation	121,60	
	5**9**03			121,60

V. Règles comptables

A • Dotation

Comptes	Débit	Crédit
68662 ou 68665	✗	
296. ou 297. ou 5903		✗

B • Reprise

Comptes	Débit	Crédit
296. ou 297. ou 5903	✗	
78662 ou 78665		✗

Vous devez bien observer la concordance des comptes :

- pour les valeurs immobilisées : 6866**2** (le dernier chiffre 2 correspond au premier chiffre des valeurs immobilisées) ;
- pour les valeurs mobilières de placement : 6866**5** (le dernier chiffre 5 correspond au premier chiffre des VMP).

LA CESSION DES TITRES (VMP)

I. PROBLÈME COMPTABLE

Fiche 27

Le résultat de la cession détermine le compte à utiliser pour l'écriture de vente. Ensuite, il ne faut pas oublier de solder les provisions existantes.

II. DOCUMENT

CRÉDIT DE L'OUEST 29109 Quimper Le 07/10/N Avis de crédit	**SOLED** 29180 Locronan
Cession de 2 actions JCD ❶	210,00
Commission 1 % ❷	2,10
TVA 19,6 %	0,41
Net à votre crédit ❸	207,49
Action JCD : prix d'achat unitaire : 99,09 € ❹	

III. ANALYSE DES ÉLÉMENTS

❶ Pendant l'exercice, l'entreprise revend un titre (VMP) afin de **réaliser une opération financière**. Le titre sort de l'actif au prix d'achat → crédit du compte 503 : actions.

❷ La banque perçoit, sur chaque transaction financière, une commission imposable au taux des services → débit des comptes 6271 : frais sur titres et 44566.

❸ Le compte bancaire reçoit la valeur de la cession diminuée des agios → débit du compte 512.

❹ Le prix d'achat unitaire détermine le choix du compte :

PA > PV	Débit du compte 667 : charges nettes sur cessions de valeurs mobilières de placement.
PA < PV	Crédit du compte 767 : produits nets sur cessions de valeurs mobilières de placement.

Dans notre étude, prix d'achat unitaire : 99,09 € ;
prix de cession unitaire : 105 €.

Le prix de cession est supérieur au prix d'achat → 767 au crédit.

IV. ENREGISTREMENT COMPTABLE

Bordereau de saisie

Journal : banque

Date	N° de compte	Libellé	Débit	Crédit
07/10/N	512	Action JCD, ma cession avis de crédit	207,49	
	6271		2,10	
	44566		0,41	
	503			198,18
	767			11,82

Remarque :

Lors d'une cession de titres immobilisés, on utilise uniquement le compte 7756 pour le montant de la vente.

V. RÈGLES COMPTABLES

Comptes	Débit	Crédit
512 (net)	✗	
6271 (commission)	✗	
44566 (TVA sur commission)	✗	
ou 667 (prix de cession < prix d'achat)	✗	
503 (prix d'achat)		✗
ou 767 (prix de cession > prix d'achat)		✗

LES PROVISIONS POUR LITIGES, LES CHARGES À RÉPARTIR

I. PROBLÈME COMPTABLE

La gestion d'une entreprise peut entraîner des problèmes soit avec le personnel, soit avec les tiers (fournisseurs, clients, prestataires de services). Il faut tenir compte des garanties accordées aux clients, de grosses dépenses. Il est donc indispensable de prévoir ces charges pour l'exercice en cours, ou pour l'exercice suivant.

II. DOCUMENT

MAÎTRE LATABLE
Conseiller juridique et fiscal
23, rue du Grand Restaurant
91770 Monrepas

Monrepas,
le 11/10/N

SOLED
11, rue du Plessis
29180 Locronan

Objet : problèmes avec les tiers

Monsieur,

Je vous informe que certains différends avec des tiers entraînent mon intervention :

• Madame Paprika a saisi le conseil des prud'hommes pour licenciement abusif ; j'estime que la société pourrait être amenée à verser 1 000 € de dommages-intérêts. (1)

• Entreprise Velyza : il faut répartir les dépenses de ravalement (facture 1102 : 16 551,44 € TTC) sur trois exercices. (2)

Veuillez agréer, monsieur, l'expression de mes sentiments dévoués.

O. Latable
O. Latable

III. ANALYSE DES ÉLÉMENTS

(1) Il existe un litige avec une employée. Le dénouement de cette affaire aura lieu au cours de l'exercice N + 1. Il est donc prudent et juste de prévoir une provision pour cette affaire ayant eu lieu en N → crédit du compte 1511 provisions pour litiges.

2 Afin de ne pas fausser le résultat de l'année N, il faut répartir la **charge HT** sur les 3 exercices. On transfère donc la totalité de la charge dans le compte 791 au crédit par l'intermédiaire du compte 4818 charges à étaler au débit. Puis on effectue une dotation du 1/3 de la dette en diminuant le compte 481 du même montant.

IV. ENREGISTREMENT COMPTABLE

Bordereau de saisie

Journal : opérations diverses (OD)

Date	N° de compte	Libellé	Débit	Crédit
31/12/N	6815	Paprika, litige pour licenciement	1 000,00	
	1511			1 000,00
31/12/N	4818	Entreprise Velyza, facture 1102 ravalement	13 839,00	
	791			13 839,00
31/12/N	6812	Imputation 1/3 ravalement, facture 1102	4 613,00	
	4818			4 613,00

Remarques :

Il faut veiller à bien répartir la charge HT sur plusieurs exercices. Dans le compte de résultat de l'exercice N, on trouve les comptes :

- 6152 (enregistrement de la facture Vélyza) au débit : 13 839,00 et 6812 au débit : 4 613,00 ;
- 791 au crédit : 13 839,00.

Le solde représente : 4 613,00 € le montant (1/3) imputable à l'exercice N.

V. RÈGLES COMPTABLES

A • Provisions pour litiges ou charges

Comptes	Débit	Crédit
6815 **(exploitation)** ou 6865 **(financier)** ou 6875 **(exceptionnel)**	✗	
151.		✗

B • Charges à répartir sur plusieurs exercices

Comptes	Débit	Crédit
481.	✗	
791 ou 796 ou 797		✗
681.	✗	
481		✗

I. PROBLÈME COMPTABLE

Certaines charges concernent deux exercices comptables. D'autres sont enregistrées pendant l'exercice N et concernent l'exercice N + 1. Il faut donc procéder à des écritures de régularisation.

II. DOCUMENTS

ASSURANCE BOUTTEMY 29113 Audierne Le 15/10/N	Facture n° 859 **Doit**	SOLED
Assurance annuelle Clio Entreprise 280 AKS 29 du 01/09/N au 31/08/N + 1 Taxes locales		1 068,00 30,50
Net à payer ❶ TVA sur encaissements *comptabilisée*		1 098,50

SA NIEDERBACHER
358, Bahnstrasse
Zurich (Suisse)

Zurich,
le 23/12/N

SOLED
11, rue du Plessis
29180 Locronan

Objet : facturation ❷

Monsieur,
Je vous informe que vous recevrez en janvier N + 1 une facture d'une somme de 285,95 € concernant la livraison des fournitures consommables de ce jour.
Je compte sur votre compréhension car nous avons des problèmes informatiques suite à la restructuration de l'entreprise.
Veuillez agréer, monsieur, l'expression de mes sentiments dévoués.

Niederbacher
K. Niederbacher

III. ANALYSE DES ÉLÉMENTS

❶ Il s'agit de l'assurance annuelle enregistrée lors de l'exercice N mais qui concerne partiellement l'exercice N + 1. Il faut donc imputer à l'exercice N, 4/12 et à N + 1, 8/12. Le document a déjà été comptabilisé en totalité. **Il faut réduire la charge au crédit pour le montant concernant l'exercice N + 1 à l'inventaire.**

Il ne faut pas tenir compte de la TVA car celle-ci est déductible lors du règlement (TVA/encaissements), c'est-à-dire en N.

❷ Il s'agit de marchandises reçues lors de l'exercice N mais dont la facture sera comptabilisée pendant l'exercice N + 1. Comme les marchandises figureront dans le calcul du stock, il faut les comptabiliser. Il faut enregistrer la charge → débit du compte 602 : achats stockés d'approvisionnements. Il faut tenir compte de la TVA (mais celle-ci ne sera déductible que lors de la facturation, c'est-à-dire en N + 1).

IV. ENREGISTREMENT COMPTABLE

Bordereau de saisie

Journal : opérations diverses (OD)

Date	N° de compte	Libellé	Débit	Crédit
31/12/N ❶	486	Assurance Clio 280 AKS 29 (8 mois)	712,00	
	616			712,00
31/12/N ❷	602	NIEDERBACHER, facture non parvenue, livraison du 17/12	285,95	
	445**8**66		56,05	
	40**8**113			342,00

❶ L'écriture passée à l'inventaire sera extournée ou contrepassée au début de l'exercice N + 1 afin d'imputer la charge à l'exercice N + 1.

❷ L'écriture passée à l'inventaire sera extournée ou contrepassée au début de l'exercice N + 1 afin d'annuler l'imputation de la facture reçue et comptabilisée durant l'exercice N + 1.

V. RÈGLES COMPTABLES

Comptes	Débit	Crédit
Charges constatées d'avance		
48**6**	✗	
60 ou 61 ou 62 (suivant la nature de la charge)		✗
Charges à payer		
60 ou 61 ou 62 (suivant la nature de la charge)	✗	
445**8**66	✗	
40**8**1		✗

VI. REMARQUES

On utilise uniquement le hors taxes. Le compte, utilisé en contrepartie au débit, est composé de 48 (régularisation) et du 6 (charges) en 3e position.

Le compte de TVA utilisé au débit : 445**8**66 comprend un 8 en 4e position ce qui traduit une attente (facture non parvenue donc non déductible).

Le compte, utilisé en contrepartie au crédit, est composé de 401 et du 8 (régularisation) en 3e position.

LA RÉGULARISATION DES PRODUITS

I. PROBLÈME COMPTABLE

Certains produits concernent deux exercices comptables. D'autres sont enregistrés pendant l'exercice N et concernent l'exercice N + 1. Il faut donc procéder à des écritures de régularisation. C'est le principe d'indépendance des exercices comptables.

II. DOCUMENTS

SOLED 29180 Locronan Le 19/10/N	Facture n° 132 **Doit**	Lancien 29180 Locronan
Location d'un garage du 01/11/N au 31/01/N + 1 ❶ *Comptabilisée*		918,00

SOLED
11, rue du Plessis
29180 Locronan

Locronan,
le 21/12/N

SA IOS
1, rue Racine
95140 Garges-les-Gonesse

Objet : facturation ❷

Monsieur,
Je vous informe que vous recevrez comme convenu en janvier N + 1 une facture d'une somme de 324 € concernant la livraison des crêpes effectuée ce jour.
Veuillez agréer, monsieur, l'expression de mes sentiments dévoués.

A. Soled

III. ANALYSE DES ÉLÉMENTS

❶ Il s'agit de la location trimestrielle enregistrée lors de l'exercice N mais qui concerne partiellement l'exercice N + 1. Il faut donc imputer à l'exercice N : 2 mois (2/3) et à N + 1 : 1 mois (1/3).

Le document a déjà été comptabilisé en totalité.

Au moment de l'inventaire, il faut déduire du produit (débit) le montant concernant l'exercice N + 1.

(2) Il s'agit de produits livrés lors de l'exercice N mais dont la facture sera comptabilisée pendant l'exercice N + 1. Les marchandises sont expédiées et ont été sorties du stock, il faut les comptabiliser.
On enregistre le produit → crédit du compte 701 ventes de produits finis.
Il faut tenir compte de la TVA (celle-ci ne sera collectée que lors de la facturation en N + 1).

IV. Enregistrement comptable

Bordereau de saisie

Journal : opérations diverses (OD)

Date	N° de compte	Libellé	Débit	Crédit
31/12/N (1)	7083	Lancien, ma location garage (1 mois)	306,00	
	487			306,00
31/12/N (2)	41**8**...	SA IOS, ma facture non établie, livraison du 21/10	341,82	
	701			324,00
	445**8**71			17,82

(1) L'écriture passée à l'inventaire sera extournée ou contrepassée au début de l'exercice N + 1 afin d'imputer la charge à l'exercice N + 1. Le loyer d'un mois sera donc imputé à l'exercice N + 1.

(2) L'écriture passée à l'inventaire sera extournée ou contrepassée au début de l'exercice N + 1 afin d'annuler l'imputation de la facture expédiée et comptabilisée durant l'exercice N + 1.

V. Règles comptables

Comptes	Débit	Crédit
Produits constatés d'avance		
70 ou 72 ou 76 ou 77 (suivant la nature du produit)	✗	
48**7**		✗
Produits à recevoir		
41**8**1	✗	
445**8**71		✗
70 ou 72 ou 76 ou 77 (suivant la nature du produit)		✗

VI. Remarques

Le compte 487 : produits constatés d'avance est composé de 48 (régularisation) et du 7 (produits) en 3e position.
Le compte de TVA utilisé 445871 comprend en 4e position un 8 ce qui traduit une attente.
Le compte, 4181 : clients, factures à établir est composé de 411 et du 8 (régularisation à venir) en 3e position.

LA RÉGULARISATION DES RÉDUCTIONS COMMERCIALES (RABAIS, RISTOURNE)

I. PROBLÈME COMPTABLE

Certaines réductions commerciales seront reçues et enregistrées pendant l'exercice N + 1 mais concernent l'exercice N. D'autres seront expédiées et comptabilisées pendant l'exercice N + 1 mais concernent l'exercice N. Il faut donc procéder à des écritures de régularisation.

II. DOCUMENTS

A • Charges

SOLED
11, rue du Plessis
29180 Locronan

Locronan,
le 23/12/N

SARL DUROU
2, rue Auguste Renoir
33320 Eysines

Objet : ristourne exercice N (1)

Monsieur,
Je vous informe que vous recevrez comme convenu en janvier N + 1 un avoir s'élevant à 165,50 € HT concernant la ristourne accordée sur le montant de vos achats de produits finis de l'année N. Le service commercial se tient à votre disposition pour toute information concernant ce montant.
Veuillez agréer, monsieur, l'expression de mes sentiments dévoués.

A. Soled

B • Produits

M. Margarete
68, Olympicpark
Northeim (Allemagne)

Northeim,
le 23/12/N

SOLED
11, rue du Plessis
29180 Locronan

Objet : ristourne (2)

Monsieur,
Je vous informe que vous recevrez en janvier N + 1 une facture d'avoir d'une somme de 400 € concernant le montant de la ristourne annuelle sur vos achats de matières premières. Je compte sur votre esprit coopératif pour vérifier ce montant car nous avons eu des problèmes comptables suite à la mise en place d'un nouveau système informatique.
Veuillez agréer, monsieur, l'expression de mes sentiments dévoués.

M. Margarete

III. ANALYSE DES ÉLÉMENTS

❶ Il s'agit d'une ristourne accordée lors de l'exercice N mais qui sera enregistrée pendant l'exercice N + 1. **Au moment de l'inventaire, on constate la ristourne HT accordée qui concerne l'exercice N → débit** du compte **7091 : rabais, remises, ristournes accordés par l'entreprise.**

❷ **Il faut enregistrer la ristourne obtenue HT** → crédit du compte **6097 : rabais, remises, ristournes obtenus sur achats.** Il faut tenir compte de la TVA (mais celle-ci ne sera déduite que lors de la comptabilisation de l'avoir).

IV. ENREGISTREMENT COMPTABLE

Bordereau de saisie

Journal : opérations diverses (OD)

Date	N° de compte	Libellé	Débit	Crédit
31/12/N ❶	70**91**	DUROU, ma ristourne annuelle	165,50	
	445**8**71		9,10	
	41**98**			174,60
31/12/N ❷	40**98**...	Margarete, sa ristourne annuelle	422,00	
	60**91**			400,00
	445**866**			22,00

❶ L'écriture passée à l'inventaire sera extournée ou contrepassée au début de l'exercice N + 1 afin d'imputer la charge à l'exercice N + 1 et ainsi de solder l'enregistrement de l'avoir en N + 1.

❷ L'écriture passée à l'inventaire sera extournée ou contrepassée au début de l'exercice N + 1 afin d'annuler l'imputation de la facture reçue et comptabilisée durant l'exercice N + 1.

V. RÈGLES COMPTABLES

Comptes	Débit	Crédit
Accorder une réduction commerciale		
70**91** ou 70**92** ou 70**97** ou 70**96**	✗	
445871	✗	
41**98**		✗
Recevoir une réduction commerciale		
40**98**	✗	
445**8**66		✗
60**91** ou 60**92** ou 60**96** ou 60**97**		✗

LA CLÔTURE DES COMPTES : BALANCE, COMPTE DE RÉSULTAT, BILAN

I. PROBLÈME COMPTABLE

À l'inventaire, après toutes les régularisations (voir fiches 22 à 32), on dresse la balance après inventaire dans le but d'établir le compte de résultat (classes 6 et 7) et le bilan (classes 1 à 5). On détermine alors le bénéfice ou la perte de l'exercice.

II. DOCUMENTS (VOIR PAGES SUIVANTES)

III. ANALYSE DES ÉLÉMENTS

On retrouve les comptes de variation de stocks et de dotations, preuve de l'inventaire. Il ne faut pas oublier que les comptes des classes 6 et 7 sont remis à zéro ou soldés à chaque clôture d'exercice.

IV. ENREGISTREMENT COMPTABLE

On solde les comptes de gestion : la classe 6 (au crédit) et la classe 7 (au débit).

V. RÈGLES COMPTABLES

Comptes	Débit	Crédit
7. (soldes créditeurs)	✘	
603. (soldes créditeurs)	✘	
6… (soldes débiteurs)		✘
713 (soldes débiteurs)		✘
ou 129 (perte)	✘	
ou 120 (bénéfice)		✘

VI. LE BILAN

On ne fait pas figurer les cents (document fiscal). Voir documents joints.

1. On regroupe certains postes tels que : les immobilisations corporelles.
2. On porte les comptes des classes 2 et 4 qui possèdent un solde créditeur tels que amortissement (28.) et provisions (49).
3. Net = Brut – Amortissements et provisions.
4. Le résultat est déterminé en faisant la différence :

Total Actif – Total Passif repéré.

cerfa N° 10937*01

Formulaire obligatoire (article 53 A du Code général des impôts)

① BILAN – ACTIF

D.G.I. N° 2050 | 9

1er EXEMPLAIRE DESTINÉ À L'ADMINISTRATION

Désignation de l'entreprise : **SOLED** — Durée de l'exercice exprimée en nombre de mois* : 12

Adresse de l'entreprise : **11, rue du Plessis 29180 Locronan** — Durée de l'exercice précédent* : 12

Numéro SIRET* : 1 2 1 6 2 8 2 4 5 0 0 0 0 1 — Code APE : 0 2 3 S — Exercice précédent (N – 1) clos le :

Déclaration souscrite en F ☐ € ☒ (cocher obligatoirement une case)

Exercice N, clos le : 3 1 1 2 N

		Code	Brut 1	Code	Amortissements, provisions 2	Net 3	N – 1 Net 4
	Capital souscrit non appelé (0)	AA					
ACTIF IMMOBILISÉ* – IMMOBILISATIONS INCORPORELLES	Frais d'établissement*	AB		AC			
	Frais de recherche et développement*	AD		AE			
	Concessions, brevets et droits similaires	AF		AG			
	Fonds commercial (1)	AH		AI			
	Autres immobilisations incorporelles	AJ		AK			
	Avances et acomptes sur immobilisations incorporelles	AL		AM			
IMMOBILISATIONS CORPORELLES	Terrains	AN	9 756	AO		9 756	
	Constructions	AP		AQ			
	Installations techniques, matériel et outillage industriels	AR		AS			
	Autres immobilisations corporelles	AT	26 078	AU	2 467	23 611	
	Immobilisations en cours	AV		AW			
	Avances et acomptes	AX		AY			
IMMOBILISATIONS FINANCIÈRES (2)	Participations évaluées selon la méthode de mise en équivalence	CS		CT			
	Autres participations	CU	15 240	CV	1 520	13 720	
	Créances rattachées à des participations	BB		BC			
	Autres titres immobilisés	BD	14 368	BE	304	14 064	
	Prêts	BF	1 858	BG		1 858	
	Autres immobilisations financières*	BH		BI			
	TOTAL (I)	BJ	**67 300**	BK	**4 291**	**63 009**	
ACTIF CIRCULANT – STOCKS*	Matières premières, approvisionnements	BL	75	BM		75	
	En cours de production de biens	BN		BO			
	En cours de production de services	BP		BQ			
	Produits intermédiaires et finis	BR	74	BS		74	
	Marchandises	BT		BU			
	Avances et acomptes versés sur commandes	BV		BW			
CRÉANCES	Clients et comptes rattachés (3)*	BX	4 315	BY	1 341	2 974	
	Autres créances (3)	BZ	422	CA		422	
	Capital souscrit et appelé, non versé	CB		CC			
DIVERS	Valeurs mobilières de placement (dont actions propres :.............................)	CD	7 729	CE	121	7 608	
	Disponibilités	CF	12 491	CG		12 491	
Comptes de régularisation	Charges constatées d'avance (3)*	CH	712	CI		712	
	TOTAL (II)	CJ	**25 818**	CK	**1 462**	**24 356**	
	Charges à répartir sur plusieurs exercices* (III)	CL	9 226			9226	
	Primes de remboursement des obligations (IV)	CM					
	Ecarts de conversion actif* (V)	CN					
	TOTAL GÉNÉRAL (0 à V)	CO	**102 344**	1A	**5 753**	**96 591**	

Renvois : (1) Dont droit au bail : — (2) Part à moins d'un an des immobilisations financières nettes : CP — (3) Part à plus d'un an : CR

Clause de réserve de propriété : * Immobilisations : — Stocks : — Créances :

* Des explications concernant cette rubrique sont données dans la notice n° 2032

cerfa N° 10938*01

Formulaire obligatoire (article 53 A du Code général des impôts)

② **BILAN – PASSIF avant répartition**

D.G.I. N° 2051 | 9

1er EXEMPLAIRE DESTINÉ À L'ADMINISTRATION

Désignation de l'entreprise : **SOLED**

			Exercice N 1	Exercice N – 1 2
CAPITAUX PROPRES	Capital social ou individuel (1)* (Dont versé :..............................)	DA	40 000	
	Primes d'émission, de fusion, d'apport, …	DB		
	Ecart de réévaluation (2)* (dont écart d'équivalence EK)	DC		
	Réserve légale (3)	DD	9 000	
	Réserves statutaires ou contractuelles	DE		
	Réserves réglementées (3)* (Dont réserve relative à l'achat d'œuvres originales d'artistes vivants * EJ)	DF		
	Autres réserves	DG		
	Report à nouveau	DH		
	RÉSULTAT DE L'EXERCICE (bénéfice ou perte)	DI	– 811	
	Subventions d'investissement	DJ		
	Provisions réglementées *	DK		
	TOTAL (I)	DL	**48 189**	
Autres fonds propres	Produit des émissions de titres participatifs	DM		
	Avances conditionnées	DN		
	TOTAL (II)	DO		
Provisions pour risques et charges	Provisions pour risques	DP	10 000	
	Provisions pour charges	DQ		
	TOTAL (III)	DR	**10 000**	
DETTES (4)	Emprunts obligataires convertibles	DS		
	Autres emprunts obligataires	DT		
	Emprunts et dettes auprès des établissements de crédit (5)	DU	18 300	
	Emprunts et dettes financières divers (Dont emprunts participatifs EI)	DV		
	Avances et acomptes reçus sur commandes en cours	DW		
	Dettes fournisseurs et comptes rattachés	DX	7 318	
	Dettes fiscales et sociales	DY	12 304	
	Dettes sur immobilisations et comptes rattachés	DZ		
	Autres dettes	EA	174	
Compte régul.	Produits constatés d'avance (4)	EB	306	
	TOTAL (IV)	EC	**38 402**	
	Ecarts de conversion passif* (V)	ED		
	TOTAL GÉNÉRAL (I à V)	EE	**96 591**	
	Total du bilan de l'exercice N en francs et centimes *			

RENVOIS				
(1)	Ecart de réévaluation incorporé au capital	1B		
(2)	Dont Réserve spéciale de réévaluation (1959)	1C		
	Dont Ecart de réévaluation libre	1D		
	Dont Réserve de réévaluation (1976)	1E		
(3)	Dont réserve réglementée des plus-values à long terme *	EF		
(4)	Dettes et produits constatés d'avance à moins d'un an	EG		
(5)	Dont concours bancaires courants, et soldes créditeurs de banques et CCP	EH		

*Des explications concernant cette rubrique sont données dans la notice n° 2032.

Extrait de la balance générale

Compte	Intitulé	Cumul débit	Cumul crédit	Solde débit	Solde crédit
...	...	...	...	...	...
431000	Sécurité sociale		5 720,93		5 720,93
437200	Retraite		145,85		145,85
437310	ARRCO		1 008,48		1 008,48
437320	AGIRC		29,17		29,17
437400	ASSEDIC		1 391,25		1 391,25
445510	TVA à décaisser	20,34	4 020,34		4 000,00
445871	TVA attente collectée	9,10	17,82		8,72
481800	Charges à étaler	13 839,00	4 613,00	9 226,00	
486000	Charges constatées d'avance	712,00		712,00	
487000	Produits constatés d'avance		306,00		306,00
491000	Prov. dépréc. des comptes cl.	258,86	1 600,02		1 341,16
Total classe 4		**19 980,16**	**26 749,73**	**14 675,05**	**21 444,62**
503000	Actions	7 927,20	198,18	7 729,02	
512000	Banque	50 572,19	39 941,02	10 631,17	
530000	Caisse	2 000,00	140,00	1 860,00	
590300	Prov. VMP		121,60		121,60
Total classe 5		**60 499,39**	**40 400,80**	**20 220,19**	**121,60**

cerfa N° 10168*01 ④ **COMPTE DE RÉSULTAT DE L'EXERCICE** (Suite) D.G.I. N° 2053

Formulaire obligatoire (article 53 A du Code général des impôts)

7

Désignation de l'entreprise : **SOLED**

L'ADMINISTRATION

	(Ne pas reporter le montant des centimes)*		Exercice N 1	Exercice N - 1 2
PRODUITS EXCEPTIONNELS	Produits exceptionnels sur opérations de gestion	HA		
	Produits exceptionnels sur opérations en capital*	HB	1 524	
	Reprises sur provisions et transferts de charges	HC		
	Total des produits exceptionnels (7) (VII)	HD	**1 524**	
CHARGES EXCEPTIONNELLES	Charges exceptionnelles sur opérations de gestion (6 bis)	HE		
	Charges exceptionnelles sur opérations en capital*	HF	2 180	
	Dotations exceptionnelles aux amortissements et provisions	HG		
	Total des charges exceptionnelles (7) (VIII)	HH	**2 180**	
4 - RÉSULTAT EXCEPTIONNEL (VII - VIII)		HI	**– 656**	
Participation des salariés aux résultats de l'entreprise (IX)		HJ		
Impôts sur les bénéfices* (X)		HK		
TOTAL DES PRODUITS (I + III + V + VII)		HL	**38 758**	
TOTAL DES CHARGES (II + IV + VI + VIII + IX + X)		HM	**39 569**	
5 - BÉNÉFICE OU PERTE (total des produits – total des charges)		HN	**– 811**	

I. PROBLÈME COMPTABLE

L'administration fiscale, en plus du bilan et du compte de résultat, demande de fournir le détail des immobilisations, des amortissements, des provisions, l'état des créances et des dettes (complément de la liasse fiscale).

II. DOCUMENTS

A • Immobilisations (extrait de la 2054)

CORPO	Autres immobilisations corporelles	Matériel de transport*	KY		KZ		LA	24 811
		Matériel de bureau et informatique, mobilier	LB	4 926	LC		LD	
		Emballages récupérables et divers*	LE		LF		LG	
	Immobilisations corporelles en cours		LH		LI		LJ	
	Avances et acomptes		LK		LL		LM	
		TOTAL III	LN	**14 683**	LO		LP	**24 811**
FINANCIÈRES	Participations évaluées par mise en équivalence		8G		8M		8T	
	Autres participations		8U	15 240	8V		8W	
	Autres titres immobilisés		1P	14 368	1R		1S	
	Prêts et autres immobilisations financières		1T	2 287	1U		1V	
		TOTAL IV	LQ	**31 895**	LR		LS	
		TOTAL GÉNÉRAL (I + II + III + IV)	ØG	**46 578**	ØH		ØJ	**24 811**

❶ On reporte le nom des immobilisations possédées par l'entreprise (balance d'ouverture d'exercice).

❷ Leur **valeur brute de début d'exercice.**

❸ Le coût d'achat des immobilisations **achetées** ou **acquises** pendant l'exercice N.

❹ Les coûts d'achat des immobilisations **cédées** pendant l'exercice N.

❺ **Valeur brute fin exercice = Valeur brute début exercice + Acquisitions (achats) – Cessions.**

B • Amortissements (extrait de la 2055 cadre A)

Autres immobilisations corporelles	Matériel de transport	QH		QI	1 960	QJ		QK	1 960
	Matériel de bureau et informatique, mobilier	QL	❶ 1 669	QM	❷ 316	QN	❸ 1 478	QO	❹ 507
	Emballages récupérables et divers	QP		QR		QS		QT	
	TOTAL III	QU	**1 669**	QV	**2 276**	QW	**1 478**	QX	**2 467**
	TOTAL GÉNÉRAL (I + II + III)	ØN	**1 669**	ØP	**2 276**	ØQ	**1 478**	ØR	**2 467**

❶ On reporte la **valeur brute de début d'exercice** des amortissements des biens immobilisés possédés.

② Les valeurs des **dotations** de l'exercice des immobilisations **achetées** ou **acquises** pendant l'exercice N.

③ Les valeurs des **reprises** de l'exercice des immobilisations **cédées** pendant l'exercice N.

④ **Montant fin exercice = Montant début exercice + Dotations – Reprises.**

(extrait de la 2055 cadre B)

1er EXEMPLAIRE

amortissables		linéaires 1		dégressifs 2		exceptionnels 3		4		5
Frais établissement et recherche TOTAL I	QY		2J		2K		2L		2M	
Immob. incorporelles TOTAL II	QZ		2N		2P		2R		2S	
Terrains	RA		RB		RC		2T		2U	
Constructions – Sur sol propre	RD		RE		RF		2V		2W	
Constructions – Sur sol d'autrui	RG		RH		RI		2X		2Y	
Constructions – Inst. gales, agenc et am. des const.	RJ		RK		RL		2Z		3A	
Inst. techniques, mat. et outillage	RM		RN		RO		3B		3C	
Autres immobilisations corporelles – Inst. gales., agencts, am. divers	RP		RQ		RR		3D		3E	
Autres immobilisations corporelles – Matériel de transport	RS	685	RT	1 275	RU		3F		3G	
Autres immobilisations corporelles – Mat. de bureau et inform. mobilier	RV	316	RW		RX		3H		3J	
Autres immobilisations corporelles – Emballages récup. et divers	RY		RZ		SA		3K		3L	
TOTAL III	SB	**1 001**	SC	**1 275**	SD		SE		SF	
Total général (I + II + III)	SG	**1 001**	SH	**1 275**	SJ		SK		SL	

On détaille les amortissements selon le mode pratiqué.
La somme des amortissements linéaires et dégressifs (cadre B) doit être égale au total des dotations (cadre A).

C • Provisions (extrait de la 2056)

1er EX[EMPLAIRE]

TOTAL II	5Z		TV	**10 000**	TW		TX	**10 000**
Provisions pour dépréciation sur immobilisations – incorporelles	6A		6B		6C		6D	
Provisions pour dépréciation sur immobilisations – corporelles	6E		6F		6G		6H	
Provisions pour dépréciation sur immobilisations – titres mis en équivalence	Ø2		Ø3		Ø4		Ø5	
Provisions pour dépréciation sur immobilisations – titres de participation	9U		9V		9W		9X	
Provisions pour dépréciation sur immobilisations – autres immobilisations financières (4)*	Ø6	549	Ø7	1 596	Ø8	321	Ø9	1 824
Sur stocks et en cours	6N	36	6P		6R	36	6S	
Sur comptes clients	6T	① 772	6U	② 828	6V	③ 259	6W	④ 1 341
Autres provisions pour dépréciation (4)*	6X		6Y	121	6Z		7A	121
TOTAL III	7B	**1 357**	TY	**2 545**	TZ	**616**	UA	**3 286**
TOTAL GÉNÉRAL (I + II + III)	7C	**1 357**	UB	**12 545**	UC	**616**	UD	**13 286**

① On reporte la **valeur** (2e colonne de l'actif du bilan au 31/12/N – 1) **de début d'exercice** des provisions.

② Les valeurs des **dotations** de l'exercice des provisions pendant l'exercice N.

③ Les valeurs des **reprises** de l'exercice des provisions pendant l'exercice N.

④ **Montant des provisions fin exercice = Montant des provisions début exercice + Dotations – Reprises.**

LES SOLDES INTERMÉDIAIRES DE GESTION (SIG)

I. PROBLÈME COMPTABLE

Les documents obligatoires (bilan et compte de résultat) déterminent le résultat comptable. Les soldes intermédiaires de gestion vont permettre de connaître de quels éléments est composé le bénéfice.

II. DOCUMENT (VOIR AU DOS)

III. ANALYSE DES ÉLÉMENTS

- **Marge commerciale** : indique le résultat réalisé sur les achats et ventes de marchandises. Elle permet de déterminer le taux de « marque ». On l'obtient en faisant la différence des comptes **(707 – 7097) – (607 – 6097 + ou – 6037)**.
- **Production** : précise les ventes de produits finis (entreprises industrielles) ou de services (entreprises prestataires de services), compte tenu des variations de stocks de produits finis. On l'obtient en faisant la différence des comptes **(70 sauf 707 + 71 créditeur + 72) – (71 débiteur)**.
- **Valeur ajoutée** : mesure la richesse créée par l'entreprise, grâce à son activité. Cela permet de calculer le PIB et le PNB en économie. C'est la production de l'entreprise, nette de tout apport extérieur. On l'obtient en faisant la différence : **(Marge commerciale + Production) – (60 sauf 607 + 61 + 62)**.
- **Excédent brut d'exploitation** : très significatif, il indique la performance de l'entreprise, indépendamment de sa structure (amortissements), de son financement (charges et produits financiers) et de l'impôt.
On l'obtient en faisant la différence : **(Valeur ajoutée + 74) – (63 + 64)**.
Dans le cas d'un résultat négatif, on parlera d'insuffisance (IBE).
- **Résultat d'exploitation** : c'est le résultat avant éléments financiers et exceptionnels ; sa comparaison est possible entre les entreprises ayant des financements différents.
On l'obtient en faisant la différence : **(EBE + 75 + 781) – (IBE + 65 + 681)**.
- **Résultat courant avant impôts** : dépend du financement de l'entreprise, mais calculé avant éléments exceptionnels et impôt. On l'obtient en faisant la différence : **(Résultat d'exploitation + 76 + 786) – (IBE + 66 + 686)**.
- **Résultat exceptionnel** : il est calculé indépendamment du solde intermédiaire précédent. On l'obtient en faisant la différence : **(77 – 67)**.
- **Résultat net** : le résultat final figure au bilan. On l'obtient en faisant la différence : **(Résultat courant avant impôt + résultat exceptionnel) – (participation des salariés + impôts sur les bénéfices)**.
- **Résultat sur cession des éléments d'actif** (facultatif). On l'obtient en faisant la différence : **(775) – (675)**. Ces données se retrouvent dans le résultat exceptionnel.

Tableau des soldes intermédiaires de gestion

Produits	Colonne 1 N	Colonne 1 N – 1	Charges	Colonne 2 N	Colonne 2 N – 1	Soldes intermédiaires des exercices (Colonne 1 – 2)	SIG N	SIG N – 1
Ventes de marchandises	1 664		Coût d'achat des marchandises vendues (4)	1 112		* Marge commerciale	552	
Production vendue	21 017							
Production stockée			ou déstockage de production (1)	9				
Production immobilisée								
Total	**21 017**		**Total**	**9**		* Production de l'exercice	**21 008**	
* Production de l'exercice	21 008							
* Marge commerciale	552		Consommations de l'exercice en					
Total	**21 560**		provenance de tiers (4)	**7 869**		* Valeur ajoutée	**13 691**	
* Valeur ajoutée	13 691		Impôts, taxes et versements assimilés (2)	3 412				
Subventions d'exploitation			Charges de personnel (4)	3 509		* Excédent brut (ou insuffisance		
Total	**13 691**		**Total**	**6 921**		brute) d'exploitation	**6 770**	
* Excédent brut d'exploitation	6 770		* ou insuffisance brute d'exploitation					
Reprise sur charges et transferts de charges	14 133		Dotations aux amortis. et aux provis.	17 717				
Autres produits	2		Autres charges	369				
Total	**20 905**		**Total**	**18 086**		* Résultat d'exploitation	**2 819**	
* Résultat d'exploitation	2 819		* ou résultat d'exploitation					
Produits financiers	427		Charges financières (5)	3 401				
Total	**3 246**		**Total**	**3 401**		* Résultat courant avant impôts	**– 155**	
Produits exceptionnels	1 524		Charges exceptionnelles	2 180		* Résultat exceptionnel	**– 656**	
* Résultat courant avant impôts			* ou résultat courant avant impôts (–)	155				
* Résultat exceptionnel			* ou résultat exceptionnel (–)	656				
			Participation des salariés					
			Impôts sur les bénéfices					
Total			**Total**	**811**		* Résultat de l'exercice (3)	**– 811**	
Produits de cessions d'éléments d'actif	1 524		Valeur comptable des éléments cédés	2 180		* Résultat sur cessions d'immobilis.	**– 656**	

(1) En déduction des produits dans le compte de résultat. (2) Pour le calcul de la valeur ajoutée, sont assimilés à des consommations externes, les impôts indirects à caractère spécifique inscrits au compte 635 et acquittés lors de la mise à la consommation des biens taxables. (3) Soit total général des produits – Total général des charges. (4) Sous déduction des transferts de charges d'exploitation affectés. (5) Sous déduction des transferts de charges financières.

I. PROBLÈME COMPTABLE

Il est possible de calculer la capacité d'autofinancement de l'entreprise grâce aux soldes intermédiaires de gestion. C'est la ressource interne qui va permettre d'investir.

II. DOCUMENTS

A • Calcul à partir de l'excédent brut d'exploitation (EBE) du tableau des SIG

Méthode « soustractive » :

EBE – Charges décaissées + Produits encaissés = CAF

Charges décaissées	Cas SOLED	Produits encaissés	Cas SOLED	CAF
Autres charges (65)	**370**	Autres produits (75) + transfert de charges (791)	**13 841**	
Charges financières (66 sauf 686)	**1 684**	Produits financiers (76 sauf 786)	**109**	**EBE** **= 6 770**
Charges exceptionnelles (67) (sauf 675 et 687)	**0**	Produits exceptionnels (77) (sauf 775 et 787)	**0**	
Participation des salariés	**0**			
Impôts sur les bénéfices	**0**			
Total	**2 054**	**Total**	**13 950**	**18 666**

B • Calcul à partir du résultat de l'exercice

Méthode « additive » :

Résultat net du bilan + Charges non décaissables – Produits non encaissables

Charges non décaissables	Cas Soled	Produits non encaissables	Cas Soled	CAF
Dotations aux amortissements et aux provisions (681 + 686 + 687)	**19 436**	Reprises sur amortissements et provisions (781 + 786 + 787)	**615**	**Résultat – 811**
Valeurs comptables des éléments d'actif cédés (675)	**2 180**	Produits des cessions d'éléments d'actif (775)	**1 524**	
Total	**21 616**	**Total**	**2 139**	**18 666**

L'entreprise Soled possède **18 666 €** de ressources financières créées par son activité pour assurer le développement et son investissement.

Si la CAF avait été négative, on aurait parlé d'insuffisance d'autofinancement. Dans ce cas, l'entreprise devrait faire appel à des capitaux étrangers (emprunt, crédit auprès d'une banque) pour financer ses investissements.

III. Analyse des éléments

C'est le pouvoir monétaire créé par l'entreprise grâce à son activité, accessoirement financière et exceptionnelle.

Aucune écriture comptable. C'est un travail extra-comptable. C'est une source d'information importante pour le chef d'entreprise.

IV. Remarque

Il est souvent demandé une méthode mais il est prudent de vérifier avec l'autre méthode, à condition de disposer de toutes les informations nécessaires.

I. PROBLÈME COMPTABLE

Un classement des postes de l'actif et du passif en fonction des étapes du cycle d'exploitation et des investissements donne naissance au bilan fonctionnel. Cela permet l'analyse de la situation financière.

II. DOCUMENTS

Postes de l'actif	Emplois stables	Cas SOLED	Emplois d'exploitation	Cas SOLED	Trésorerie actif	Cas SOLED
Immobilisations (brut)	✘	67 302				
Charges à répartir (brut)	✘	9 226				
Stocks, avances, créances			✘	4 887		
Charges constatées d'avance			✘	712		
Disponibilités (brut)					✘	20 220
Total		76 528		5 599		20 220

L'actif du bilan fonctionnel est établi à partir des **montants bruts (1re colonne) de l'actif du bilan** comptable.

Postes du passif	Ressources stables	Cas SOLED	Dettes d'exploitation	Cas SOLED	Trésorerie passif	Cas SOLED
Capitaux propres	✘	48 189				
Amortissements, provisions (actif)	✘	5 755				
Provisions pour risques et charges	✘	10 000				
Emprunts et dettes financières (sauf concours bancaires)	✘	18 300				
Dettes fournisseurs			✘	7 319		
Avances, acomptes, autres dettes			✘	12 478		
Produits constatés d'avance			✘	306		
Concours bancaires courants					✘	0
Total		82 244		20 103		0

Le **passif du bilan fonctionnel** réintègre **les amortissements et provisions de l'actif immobilisé et de l'actif circulant.** Ce sont des ressources stables pour l'entreprise.

Bilan fonctionnel condensé

Poste	Montant	Poste	Montant
Actif stable (1)	76 528	Passif stable (2)	82 244
Actif circulant (3)	25 819	Passif circulant (3)	20 103
Total	102 347	Total	102 347

(1) Il représente l'investissement.

(2) Il représente le financement des investissements.

(3) Ils caractérisent le cycle de fonctionnement de l'entreprise.

Outil de vérification :

Fiche 33

Total passif + Amortissements, provisions = Total passif du bilan fonctionnel

96 592 + 5 755 = 102 347.

III. Remarques

Principaux retraitements délicats à effectuer :

- Le montant des **effets escomptés non échus** doit être réintégré au montant des créances clients et être déduit du montant des disponibilités.

- Le montant des **encours bancaires** sera affecté au poste « trésorerie passive » du bilan fonctionnel. Ce montant doit donc être déduit du montant des « emprunts et dettes auprès des établissements de crédit ».

I. PROBLÈME COMPTABLE

Le bilan fonctionnel permet de déterminer les grands équilibres financiers.

II. DOCUMENTS

❶ Fonds de roulement net global :

FRNG = Ressources stables ou durables – Emplois stables.

❷ Besoin en fonds de roulement d'exploitation :

BFRE = Emplois d'exploitation – Dettes d'exploitation.

❸ **Trésorerie nette (méthode 1) = Trésorerie actif – Trésorerie passif.**

Niveau	1er Élément	Cas SOLED	– 2e Élément	Cas SOLED	= Résultat	Cas SOLED
Structurel ❶	Ressources stables	82 244	Emplois stables	76 528	FRNG	5 716
Activité courante ❷	Emplois d'exploitation	5 599	Dettes d'exploitation	20 103	BFRE	– 14 504
Trésorerie ❸	Trésorerie actif	20 220	Trésorerie passif	0	Trésorerie nette	20 220
Vérification :	**FRNG**	5 716	**BFRE**	– 14 504		20 220

❶ Le niveau du fonds de roulement net global dépend essentiellement du secteur d'activité de l'entreprise et de sa taille. **Il doit être de préférence positif** car il faut « du financement pour investir ».

Il arrive qu'il soit nul ou négatif dans certains secteurs.

Il est lié en effet :

• au niveau de l'actif immobilisé pour l'exploitation (très faible dans le secteur des services et au contraire très élevé dans le secteur industriel) ;

• au mode de financement de l'entreprise (la grande distribution dispose d'un crédit-fournisseur long ce qui ne nécessite presque pas de capitaux permanents ou durables).

❷ **Le besoin en fonds de roulement (BFRE)** représente la part des besoins ou emplois cycliques qui n'est pas financée par les ressources non stables. Les besoins en fonds de roulement sont essentiellement des besoins d'exploitation.

Le BFRE est positif car les créances des clients et sur le stock sont plus élevées que les dettes aux fournisseurs.

• Les besoins d'exploitation résultent principalement des stocks et des crédits consentis à la clientèle.

• Les ressources d'exploitation proviennent principalement des crédits fournisseurs, des délais de paiement accordés par certains organismes (Sécurité sociale, administration fiscale, etc.).

Le BFRE est dépendant du niveau d'activité de l'entreprise. Il est souhaitable et possible de réduire ce besoin :

• en réduisant la durée de stockage (augmentation de la rotation des stocks) ;
• en réduisant les délais de recouvrement des créances ;
• en augmentant les délais de règlement des dettes envers les fournisseurs.

3 **La trésorerie nette** s'obtient par la différence entre les disponibilités à l'actif et les concours bancaires courants et soldes bancaires créditeurs au passif.

• Fonds de roulement > besoin en fonds de roulement

→ l'excédent de ressources stables sert à financer la trésorerie positive. C'est le cas.

• Fonds de roulement < besoin en fonds de roulement

→ la trésorerie négative devient un recours permanent au financement de l'activité courante, l'entreprise devient dépendante et faible vis-à-vis des banques.

La trésorerie doit être positive (disponibilités de l'entreprise) mais assez proche de 0 car, si elle est trop élevée, ce sont des fonds inutilisés comme pour l'entreprise SOLED.

I. PROBLÈME COMPTABLE

Après avoir calculé le besoin en fonds de roulement d'exploitation (BFRE), il faut comprendre et expliquer son évolution (analyse très courante). Pour cela, on compare (ratio) les éléments sur lesquels on peut agir : stocks, créances clients et dettes fournisseurs.

Un ratio est un rapport de deux grandeurs :

- poste du bilan final, actif ou passif (*ex. : clients*) ;
- poste dans le compte de résultat, débit ou crédit (*ex. : achats, variation de stocks*).

II. DIFFÉRENTS RATIOS

A • Ratio de rotation des stocks

① Stock moyen $= \dfrac{\text{Stock initial} + \text{Stock final}}{2}$

Année commerciale : 360

$$RS = \frac{\textbf{Stock moyen des marchandises} \times 360}{\textbf{Coût d'achat des marchandises vendues}} = \textbf{N jours}$$

② Achats de marchandises ± variation de stocks des marchandises (Stock initial – Stock final)

Fiche 26
Fiche 33

Calcul du délai de rotation des stocks de l'entreprise SOLED :

- **Matières premières :**

① Stock moyen $= \dfrac{156,26 + 75,92}{2} = 116,09$

② Coût d'achat des matières premières vendues :

$$4\,692,42 - (156,26 - 75,92) = 4\,612,08$$

$$RS = \frac{116,09 \times 360}{4\,612,08} = \frac{4\,179,24}{4\,612,08} = 9,06 \text{ jours} = \textbf{9 jours}$$

- **Produits finis :**

① Stock moyen $= \dfrac{78,05 + 69,52}{2} = 73,79$

② Coût de production des produits finis vendus = ventes de produits finis ± variation de stocks des produits finis (Stock final – Stock initial) :

$$18\,443,71 + (69,52 - 78,05) = 18\,435,18$$

$$RS = \frac{73{,}79 \times 360}{18\ 435{,}18} = \frac{26\ 564{,}40}{18\ 435{,}18} = 1{,}44 = \mathbf{2\ jours}$$

Il existe le même ratio pour les produits semi-finis en remplaçant le terme marchandises par produits semi-finis.

Il est courant que le ratio de rotation des stocks soit très proche de 0, car les entreprises travaillent de plus en plus en flux tendus (stocks = 0).

B • Ratio du crédit clients

Le ratio du crédit clients est aussi appelé délai de crédit accordé aux clients.

$$\mathbf{RC = \frac{Créances\ clients\ TTC \times 360}{Chiffre\ d'affaires\ TTC}}$$

Produits finis (TVA : 5,5 %)

$$RC = \frac{3\ 530{,}65}{18\ 443{,}71 \times 1{,}055} = \frac{3\ 530{,}65}{19\ 458{,}11} = 0{,}18 = \mathbf{1\ jour}$$

Il est souhaitable que le ratio de délai de crédit accordé aux clients soit très faible (quelques jours) car sinon c'est de la trésorerie « inutilisée » qui coûte cher (augmentation du BFRE).

C • Ratio du crédit fournisseurs

Le ratio du crédit fournisseurs est aussi appelé délai de paiement consenti par les fournisseurs.

$$\mathbf{RF = \frac{Dettes\ aux\ fournisseurs\ biens\ et\ services\ TTC \times 360}{Achats\ de\ biens\ et\ services\ TTC}}$$

Produits finis (TVA : 5,5 %)

$$RF = \frac{5\ 511{,}50 \times 360}{8\ 982{,}63 \times 1{,}055} = \frac{1\ 984\ 140}{9\ 476{,}67} = 209{,}37\ jours = \mathbf{210\ jours}$$

L'entreprise SOLED possède un délai de paiement supérieur à un délai d'encaissement de 209 jours. Cela augmente sa trésorerie et diminue son BFRE.

Il est souhaitable que le ratio de délai de crédit consenti par les fournisseurs soit très élevé (supérieur à 60 jours) car, grâce à cela, on travaille avec l'argent « prêté » par les fournisseurs (grands magasins, hypermarchés).

On augmente la trésorerie en diminuant le BFRE.

I. PROBLÈME COMPTABLE

Après avoir établi le bilan fonctionnel, on calcule des ratios (rapport) de structure et de rentabilité que l'on analysera financièrement en comparant deux exercices, deux entreprises.

II. DIFFÉRENTS RATIOS

A • Les ratios de structure

- **Financement des investissements ou couverture des emplois stables**

$$\mathbf{Ri = \frac{Ressources\ stables}{Emplois\ stables}}$$

Ce ratio doit être supérieur à 1 (industrie) et souvent inférieur à 1 (distribution). S'il est supérieur ou égal à 1, le FRNG sera positif ou nul.
Entreprise SOLED :

$$Ri = \frac{82\ 244}{76\ 528} = \mathbf{1{,}07}$$

- **Autonomie financière**

$$\mathbf{Rf = \frac{Capitaux\ propres}{Ensembles\ des\ dettes}}$$

Il doit être supérieur à 1 ; une variante existe :

$$\text{le taux d'endettement : } Rte = \frac{\text{Ensembles des dettes}}{\text{Capitaux propres}} < 1$$

Entreprise SOLED :

$$Rf = \frac{48\ 189}{38\ 403} = \mathbf{1{,}25}$$

- **Liquidité générale**

$$\mathbf{Rlg = \frac{Actifs\ circulants}{Dettes\ à\ court\ terme}}$$

Ce ratio permet de connaître la part de trésorerie excédentaire par rapport aux dettes. Une variante existe : liquidité immédiate ; on remplace les actifs circulants par les disponibilités.

Entreprise SOLED :

$$\text{Rlg} = \frac{25\ 819}{20\ 103} = \mathbf{1{,}28}$$

L'entreprise, bien qu'autonome financièrement, finance ses investissements mais a trop de créances « inemployées ».

B • Les ratios de rentabilité

• Rentabilité financière

$$\textbf{Rf} = \frac{\textbf{Résultat de l'exercice}}{\textbf{Chiffre d'affaires HT}}$$

Il calcule la relation du résultat avec le chiffre d'affaires.

Entreprise SOLED :

$$\text{Rf} = \frac{-811}{21\ 936{,}93} \times 100 = \mathbf{-3{,}70\ \%}$$

• Rentabilité des capitaux propres

$$\textbf{Rcp} = \frac{\textbf{Résultat de l'exercice} \times \textbf{100}}{\textbf{Capitaux propres}}$$

Il mesure l'excédent dégagé. Il est important pour les éventuels actionnaires (choix de l'investissement).

Entreprise SOLED :

$$\text{Rcp} = \frac{-811 \times 100}{48\ 189} = \mathbf{-1{,}68\ \%}$$

Le taux de non rentabilité **– 1,68 %** est nettement inférieur au taux du marché. Les actionnaires abandonneront l'entreprise SOLED pour chercher une meilleure rentabilité vers d'autres formes de placement.

III. REMARQUE

Il existe des dizaines de ratios très variés. On vous communique généralement les composantes de ces rapports mais il faut savoir les interpréter et les analyser.

LA VALORISATION DES STOCKS : LE COÛT MOYEN UNITAIRE PONDÉRÉ

I. PROBLÈME COMPTABLE

Les entreprises industrielles possèdent des stocks de matières premières, de matières consommables, de marchandises, de produits semi-finis et de produits finis liés à leur activité. Ces stocks ont un coût et imposent une gestion précise.

II. DOCUMENT

Fiche de stock : sachet de crêpes (extrait)

		Entrées			Sorties			Stock		
Date	Mouvement n° du bon	Quantité	Coût unitaire	Montant	Quantité	Coût unitaire	Montant	Quantité	Coût unitaire	Montant
01/11/N	Reprise SI	320	1,37	438,40				320	1,37	438,40
03/11/N	S 1101 ❶				40	1,37	54,80	280	1,37	383,60
05/11/N	E 111 ❷	80	1,40	112,00				360	**1,38**	495,60
09/11/N	S 1102 ❸				60	1,38	82,80	300	1,38	412,80
	Total ❹	400		550,40	100		137,60			

III. ANALYSE DES ÉLÉMENTS

❶ La sortie numérotée S 1101 (11 = novembre, 01 = 1er mouvement) s'effectue à la valeur du stock tant qu'il n'y a pas de nouvelle entrée.

❷ Lorsqu'il y a une nouvelle entrée, on calcule le coût moyen unitaire pondéré (CMUP) :

$$\textbf{CMUP après chaque entrée} = \frac{\textbf{Montant du stock précédent + Montant de l'entrée}}{\textbf{Quantité du stock précédent + Quantité de l'entrée}}$$

Exemple :

$$\text{CMUP au 05/11} = \frac{383{,}60 + 112}{280 + 80} = 1{,}376666 = \mathbf{1{,}38}$$

(sauf autre exigence du sujet : 3 ou 4 décimales).

Les sorties suivantes s'effectueront à ce coût jusqu'à la nouvelle entrée.

❸ la sortie s'effectue au nouveau coût. On obtient le montant de la sortie en faisant l'opération suivante : Q × CU.

Pour le stock : la quantité s'obtient en faisant la différence entre la quantité du stock précédent et la sortie.

Pour le montant, il faut faire la même opération :

Montant du stock précédent – Montant de la sortie.

⚠ Il ne faut pas faire pour le montant : Q × CU = 300 × 1,38 = 414. Ce résultat est erroné car il ne tient pas compte des arrondis.

On procède ensuite de la même façon pour les autres entrées.

❹ À titre de vérification, on totalise les quantités, les montants des entrées et des sorties.

Quantité du stock = Quantité des entrées – Quantité des sorties.

Montant du stock = Montant des entrées – Montant des sorties.

IV. VARIANTE

Il existe une variante du CMUP : c'est le calcul du coût moyen unitaire pondéré en fin de période.

On attend toutes les entrées de la période (ici : un mois) pour calculer le CMUP appliqué à toutes les sorties de la période. On ne tient à jour que le stock initial et le stock final. **CMUP exact : 1,376.**

$$\textbf{CMUP en fin de période} = \frac{\textbf{Montant des entrées}}{\textbf{Quantité des entrées}} = \frac{\textbf{550,40}}{\textbf{400}}$$

Fiche de stock : sachet de crêpes (extrait)

		Entrées			Sorties			Stock		
Date	**Mouvement n° du bon**	**Quantité**	**Coût unitaire**	**Montant**	**Quantité**	**Coût unitaire**	**Montant**	**Quantité**	**Coût unitaire**	**Montant**
01/11/N	Reprise SI	320	1,37	438,40				320	1,37	438,40
03/11/N	S 1101				40	1,38	55,20	280		
05/11/N	E 111	80	1,40	112,00				360		
09/11/N	S 1102				60	1,38	82,80	300	1,38	412,40
	Total	400		550,40	100		138,00			

LA VALORISATION DES STOCKS PAR LOT : LA MÉTHODE PEPS

I. PROBLÈME COMPTABLE

Lorsque les entreprises travaillent avec des produits périssables ou ayant une date de péremption, elles gèrent les stocks en prenant soin d'épuiser les lots les plus anciens d'abord. C'est la méthode du premier entré, premier sorti que l'on emploie : 1er lot entré, 1er lot sorti ou FIFO (*first in, first out*).

II. DOCUMENT

Fiche de stock : pâte à crêpe (extrait)

		Entrées			Sorties			Stock		
Date	**Mouvement n° du bon**	**Quantité**	**Coût unitaire**	**Montant**	**Quantité**	**Coût unitaire**	**Montant**	**Quantité**	**Coût unitaire**	**Montant**
01/11/N	Reprise SI	30	0,53	15,90				30	0,53	15,90
03/11/N	S 1101				20	0,53	10,60	10	0,53	5,30
05/11/N	E 111 ❶	15	0,55	8,25				10 15	0,53 0,55	5,30 8,25
09/11/N	S 1102 ❷				10 2	0,53 0,55	5,30 1,10	13	0,55	7,15
13/11/N	E 112	4	0,58	2,32				13 4	0,55 0,58	7,15 2,32
15/11/N	E 113 ❸	6	0,60	3,60				13 4 6	0,55 0,58 0,60	7,15 2,32 3,60
	Total ❹	**55**		**30,07**	**32**		**17,00**	**23**		**13,07**

III. ANALYSE DES ÉLÉMENTS

❶ L'entrée du 05/11/N conduit à établir deux lots distincts.

Chaque lot entré est **valorisé à son propre coût tout au long de son stockage ainsi que pour sa sortie.**

❷ Pour la sortie du 09/11/N, on épuise d'abord le lot le plus ancien. Comme la quantité sortie est supérieure à celle du lot le plus ancien, on puise dans le plus récent. On a donc une sortie globale de 12 pour 6,40 (facture).

❸ Le 15/11/N, il y a trois lots bien distincts.

❹ Le total permet de vérifier les égalités suivantes :

Quantité du stock = Quantité des entrées – Quantité des sorties
= 55 – 32
= **23.**

Montant du stock = Montant des entrées – Montant des sorties
= 30,07 – 17,00
= **13,07.**

IV. REMARQUES

On peut grouper les sorties en totalisant mais on ne regroupe jamais les lots en stock.

À titre de vérification, on totalise les quantités, les montants des entrées et des sorties.

I. PROBLÈME COMPTABLE

L'achat de matières premières est facile à imputer à un produit donné, en revanche l'électricité utilisée est difficile à imputer sans une analyse détaillée.

II. DOCUMENT

Extrait de la comptabilité générale : balance, grand livre, compte de résultat

Comptes débités	Sommes (euros)	Comptes crédités	Sommes (euros)
601100 achats de farine	287,00	701100 ventes flans aux abricots	8 575,00
601200 achats de lait	568,75	701200 ventes flans aux cerises	9 000,00
602100 mat. consommables	241,50		
602200 fournitures fruits	3 643,50		
606100 énergie	747,00		
606200 énergie four cuisson	22,40		
616220 assurance - honoraires	610,00		
624110 transport de farine	30,45		
624120 transport de lait	106,70		
624130 transport de fruits	150,00		
624200 transport de flans	59,45		
631000 impôts et taxes	1 210,00		
624100 salaire pâtissier	1 677,00		
624200 salaire employé	1 000,00		
624300 salaire secrétaire comptable	1 653,00		
624400 salaire commercial	1 297,00		
120000 résultat comptable	**4 271,25**		
Total	17 575,00	Total	17 575,00

III. Analyse des éléments

A • Charges directes

Ces charges sont affectées à un seul coût.

Exemple : salaire du pâtissier affecté à l'atelier de production.

B • Charges indirectes

Ces charges concernent plusieurs coûts et nécessitent une répartition grâce à des clés (pourcentage, proportion). Elles sont imputées au coût d'un produit déterminé.

Exemple : impôts et taxes.

Charges directes	Charges indirectes
Achats de farine	Énergie
Achats de lait	Assurance - honoraires
Matières consommables	Impôts et taxes
Fourniture fruits	Salaire employé
Électricité four	Salaire secrétaire comptable
Transport de fruits	Salaire commercial
Transport de farine	
Transport de flans	
Transport de lait	
Salaire pâtissier	

IV. Remarque

La comptabilité analytique classe les charges par destination ou affectation (coût).

Généralement, des informations concernant la nature des charges sont communiquées dans l'énoncé.

LES TABLEAUX DE RÉPARTITION PRIMAIRE ET SECONDAIRE DES CHARGES

I. PROBLÈME COMPTABLE

Les charges indirectes doivent être reclassées suivant des clés de répartition sur les différentes fonctions dans l'entreprise. Celles-ci suivent le processus de production. C'est la **répartition primaire**. Ensuite, il faut imputer les charges indirectes. C'est la **répartition secondaire**.

II. DOCUMENTS

Fiche 43

Tableau de répartition des centres d'analyse (1)

Charges par nature à répartir	Montants	Entretien (auxiliaire) (2)		Administration (auxiliaire)		Approvisionnement		Atelier 1 Préparation de la crème		Atelier 2 Cuisson (3)		Distribution	
Énergie (4)	747	**10 %**	74,70	**10 %**	74,70	**5 %**	37,35	**30 %**	224,10	**40 %**	298,80	**5 %**	37,35
Assurance-honoraires (5)	610	1	61,00	1	61,00	1	61,00	2	122,00	4	244,00	1	61,00
Impôts taxes	1 210			50 %	605,00							50 %	605,00
Salaire employé (6)	1 000	1/4	250,00			1/2	500,00					1/4	250,00
Salaire comptable	1 653	10 %	165,30	20 %	330,60	10 %	165,30	25 %	413,25	25 %	413,25	10 %	165,30
Salaire commercial	1 297			10 %	129,70	35 %	453,95	10 %	129,70	10 %	129,70	35 %	453,95
Total primaire (7)	6 517,00		551,00		1 201,00		1 217,60		889,05		1 085,75		1 572,60
Répartition entretien (8)			**- 551,00**	1	55,10	1	55,10	4	220,40	3	165,30	1	55,10
Répartition administration (9)					**- 1 256,10**	2	251,22	3	376,83	3	376,83	2	251,22
Total secondaire (10)	6 517,00		0		0		1 523,92		1 486,28		1 627,88		1 878,92

III. Analyse des éléments

1. Un **centre d'analyse** est une division de l'entreprise où sont classés des éléments de charges indirectes avant leur imputation aux coûts d'achat, de production, ou de revient.

2. Un **centre auxiliaire de structure** (indirectement lié à l'activité) est une fonction de l'entreprise au service des centres principaux (coûts). Il est transféré sur les autres centres.

3. Un **centre principal opérationnel** est une division en lien direct avec les activités. Il est imputé directement aux coûts.

La répartition primaire correspond à la répartition, à l'aide de clés, des charges indirectes dans tous les centres d'analyse.

4. Les clés de répartition des charges peuvent être des **pourcentages.** Leur somme est toujours égale à 100 %.

5. Les clés de répartition des charges peuvent être des **proportions.** Leur **diviseur** est toujours égale à la somme des nombres proportionnels. La répartition se fera ainsi : 1/10, 2/10...

6. Les clés de répartition des charges peuvent être des **fractions.** Leur somme est toujours égale à 1.

7. Le total de la répartition **primaire** est égal aux sommes réparties dans tous les centres d'analyse.

La répartition secondaire correspond à la répartition, à l'aide de clés, des totaux des **centres auxiliaires** dans tous les **centres principaux.**

8. Le centre d'analyse auxiliaire entretien (sous-total de la répartition primaire) est attribué aux autres centres y compris à l'autre centre auxiliaire.

9. Le total du centre d'analyse auxiliaire administration (sous-total de la répartition primaire + répartition du centre auxiliaire entretien) est réparti selon un pourcentage dans les centres principaux.

10. Le total général de la répartition secondaire (le même que celui de la répartition primaire) est égal à la somme des totaux des centres principaux.

IV. Remarques

Les différents centres d'analyse sont généralement fournis dans le texte (exemple dans le processus de production). Les clés de répartition (pourcentages ou prorata) sont données dans l'énoncé.

Il faut vérifier, à chaque étape, la somme des répartitions.

LE COÛT DE L'UNITÉ D'ŒUVRE (CUO)

I. PROBLÈME COMPTABLE

Les répartitions primaires et secondaires permettent de classer les charges suivant les grandes fonctions de l'entreprise. Pour répartir ces sommes dans les coûts, il faut donc déterminer une unité de mesure pour chaque centre d'analyse.

II. DOCUMENT

Il a été acheté 350 kilogrammes de farine et 875 litres de lait. Le pâtissier a consacré 155 heures à la préparation de la crème et le four a fonctionné 112 heures.

Il a été vendu 3 500 flans aux abricots à 2,45 € l'unité et 4 500 flans aux cerises à 2,45 € HT pièce.

Charges par nature à répartir	Montants	Entretien (auxiliaire)	Administration (auxiliaire)	Approvisionnement	Atelier 1 Préparation de la crème	Atelier 2 Cuisson	Distribution
Total secondaire	6 517,00	0	0	1 523,92	1 486,28	1 627,88	1 878,92
Nature de l'unité d'œuvre (UO) ❶				Kg ou litre acheté	1 heure de MOD	1 heure machine	10 euros de chiffre d'affaires
Nombre UO ❷				1 225	155	112	1 757,5
Coût d'unité d'œuvre (CUO) ❸				**1,2440163**	**9,5889032**	**14,534642**	**1,0690867**

III. ANALYSE DES ÉLÉMENTS

❶ L'unité d'œuvre est une unité de mesure de l'activité d'un centre principal opérationnel. Elle permet ensuite de répartir le montant de ce centre entre les différents coûts.

On retrouve comme principales unités d'œuvre :

- achat ou approvisionnement : kilogramme acheté, tonne achetée ;
- production ou fabrication : heure machine, heure main-d'œuvre directe, kilogramme ou tonne produit obtenu, produit fabriqué…

• distribution ou vente : 1 € de chiffre d'affaires, 100 ou 1 000 € de chiffre d'affaires.

Le choix de l'unité d'œuvre est lié à l'activité de l'entreprise.

3 Le **coût d'unité d'œuvre** est déterminé grâce à l'égalité suivante :

$$\textbf{CUO} = \frac{\textbf{Montant du centre principal}}{\textbf{Nombre UO du centre principal}}$$

Pour le centre approvisionnement, on calcule :

$$\text{CUO} = \frac{1\ 523{,}92}{1\ 225} = 1{,}2440163$$

IV. REMARQUES

Il faut bien étudier l'énoncé pour déterminer le nombre d'unités d'œuvre de chaque centre principal opérationnel :

• les quantités achetées (kilogramme, tonne) sont souvent dans les achats de la période ;

• les heures de main-d'œuvre se trouvent dans les relevés de temps, sur les bons d'exécution ;

• le montant des ventes est dans l'extrait de la balance ou dans le texte.

I. PROBLÈME COMPTABLE

Une fois le coût d'unité d'œuvre déterminé pour chaque centre principal, il faut l'imputer aux différents coûts pour calculer le coût complet (procédure hiérarchique). La première étape est le coût d'achat. L'entreprise doit connaître exactement le prix des produits achetés (comptabilité générale) mais aussi les charges directes (comptabilité générale) ainsi que les charges indirectes (comptabilité analytique) :

Nombre UO × Coût d'unité d'œuvre.

II. DOCUMENTS

	Approvisionnement
Total secondaire	1 523,92
Nature unité d'œuvre	Kilogramme ou litre acheté
Nombre unités d'œuvre	1 225
Coût d'unité d'œuvre	**1,2440163**

- **Composantes du coût d'achat**

Prix d'achat des matières premières + Frais ou charges **directs** d'achat + Charges **indirectes** d'approvisionnement	Balance, grand livre, compte de résultat Transport, installation, mise en service **Nombre UO × Coût d'unité d'œuvre**
= Coût d'achat ou d'approvisionnement des matières achetées	

Processus de fabrication :
Stocks farine, lait ⇒ Atelier crème ⇒ Cuisson mélange ⇒ Stocks flans

Fiche 41

Les stocks sont tenus au coût unitaire moyen pondéré calculé après chaque entrée (CMUP).

Stock initial de farine : 20 kilogrammes pour un montant de 38,75 €.

Stock initial de lait : 125 litres à 1,95 € pièce.

Éléments	Farine		Lait	
Prix d'achat des matières premières	350 × 0,82	**287,00**	875 × 0,65	**568,75**
+ Frais ou charges **directs** d'achat		30,45		106,70
+ Charges **indirectes** d'approvisionnement	350 × 1,2440163	**435,41**	875 × 1,2440163	**1 088,51**
= Coût d'achat ou d'approvisionnement des matières achetées		**752,86**		**1 763,96**
Quantités achetées		350		875
Coût d'achat par kilogramme (4)		**2,1510285**		**2,0159542**

Ces **matières évaluées au coût d'achat** vont intégrer l'inventaire permanent des stocks.

Inventaire permanent (IP) de la farine

Éléments	Quantités	Coût unitaire	Montant
Stock initial	20	1,9475	38,95
Entrées (4)	350	2,1510285	752,86
Nouveau stock	370	2,140027	791,81
Sorties	320	2,1400	684,80
Stock final	50		107,01

Inventaire permanent (IP) du lait

Éléments	Quantités	Coût unitaire	Montant
Stock initial	125	1,95	243,75
Entrées (4)	875	2,0159542	1 763,96
Nouveau stock	1 000	2,00771	2 007,71
Sorties	900	2,0077	1 806,93
Stock final	100		200,78

I. PROBLÈME COMPTABLE

Le coût d'achat des produits étant calculé, il faut ensuite calculer le coût de production. C'est un bon indicateur de gestion.

II. DOCUMENTS

	Atelier 1 Préparation de la crème	**Atelier 2 Cuisson**
Total secondaire	1 486,28	1 627,88
Nature unité d'œuvre	1 heure de MOD	1 heure machine
Nombre unités d'œuvre	155	112
Coût d'unité d'œuvre	**9,5889032**	**14,534642**

- **Composantes du coût de production**

Coût d'achat des matières consommées ou utilisées + Frais ou charges **directs** de production + Charges **indirectes** de production	Inventaire permanent (IP) ou fiche de stock Balance, grand livre, compte de résultat **Nombre UO × Coût d'unité d'œuvre**
= Coût de production ou de fabrication des produits finis fabriqués	

L'entreprise SOLED a consommé 900 litres de lait, 320 kilogrammes de farine. Les fruits sont répartis selon la règle suivante : 2 058 € pour les abricots, 1 585,50 € pour les cerises.

Production de crème : 3 000 kilogrammes (1 400 kilogrammes pour les flans aux cerises). Fonctionnement du four : 60 heures pour les flans aux abricots ; consommation électrique : 2,5 kW/h à 0,08 € pièce.

Le port des fruits est de 84 € pour les abricots, le reste est à imputer aux flans aux cerises.

Le port du flan est de 27,95 € pour les flans aux cerises, le reste est à imputer aux flans aux abricots.

Production : 3 450 flans aux abricots et 4 300 flans aux cerises.

Stock initial de produits finis : flans aux abricots 100 à 1,75 € pièce; flans aux cerises 250 pour 295 €.

Éléments	Crème	
Coût d'achat des matières utilisées	Farine : 320 × 2,1400 Lait : 900 × 2,0077 Matières consommables :	**684,80** **1 806,93** **241,50**
+ Frais ou charges **directs** de production	(155 × 10,819354)	**1 677,00**
+ Charges **indirectes** de production	155 × 9,5889032	**1 486,28**
= Coût de production de la crème	**5 896,51**	
Quantités produites	3 000	
Coût de production unitaire	**1,9655033**	

Éléments	Flans aux abricots		Flans aux cerises	
Coût de production de la crème	1 600 × 1,9655033	**3 144,81**	1 400 × 1,9655033	**2 751,70**
+ Frais ou charges **directs** de production	Fruits : Port des fruits : Four : 60 × 0,2 (1)	2 058,00 84,00 12,00	Fruits : Port des fruits : Four : 52 × 0,2	1 585,50 66,00 10,40
+ Charges **indirectes** de production	60 × 14,534642	872,08	52 × 14,534642	755,80
= Coût de production de la crème	**6 170,89**		**5 169,40**	
Quantités produites	3 450		4 300	
Coût de production unitaire	**1,7886637**		**1,202186**	

(1) Ce sont des frais directs de production (heure de main-d'œuvre, heure machine). Attention, l'énoncé ne donne qu'une information (60 heures pour les flans aux abricots), nous déduisons donc qu'il a fallu (112 – 60) heures pour les flans aux cerises.

Inventaire permanent (IP) du flan aux abricots

Éléments	Quantités	Coût unitaire	Montant
Stock initial	100	1,75	175,00
Entrées	3 450	**1,7886637**	**6 170,89**
Nouveau stock	3 550	**1,7875746**	6 345,89
Sorties	3 500	1,7876	6 256,60
Stock final	50		89,29

Inventaire permanent (IP) du flan aux cerises

Éléments	Quantités	Coût unitaire	Montant
Stock initial	250	1,18	295,00
Entrées	4 300	1,202186	**5 169,40**
Nouveau stock	4 550	**1,200967**	5 464,40
Sorties	4 500	1,2010	5 404,50
Stock final	50		59,90

I. PROBLÈME COMPTABLE

Le coût de production des produits étant calculé, il faut ensuite déterminer le coût de revient (un par produit). Il va permettre, en le comparant au chiffre d'affaires, de dégager un résultat analytique : perte ou bénéfice, global ou unitaire. C'est ce qui aide le dirigeant à prendre les décisions pour la gestion dans son entreprise.

II. DOCUMENTS

	Distribution
Total secondaire	1 878,92
Nature unité d'œuvre	10 € de chiffre d'affaires
Nombre unités d'œuvre	1 757,5
Coût d'unité d'œuvre	**1,0690867**

- **Composantes du coût de production**

Coût de production ou de fabrication des produits finis **vendus** + Frais ou charges **directs** de distribution + Charges **indirectes** de distribution	Inventaire permanent ou fiche de stock des produits Balance, grand livre, compte de résultat **Nombre UO × Coût d'unité d'œuvre**
= Coût de revient des produits finis vendus	

III. ANALYSE DES ÉLÉMENTS

(1) Il faut calculer les frais indirects de production qui seront imputés au coût de production : pour le produit flan aux abricots :
prix de vente = 3 500 × 2,45 = 8 575 € de chiffre d'affaires
→ 8 575/10 (UO) = 857,5 = nombre UO

Éléments	Flan aux abricots		Flan aux cerises	
Coût de production ou de fabrication des produits finis **vendus**	3 500 × 1,7876	**6 256,60**	4 500 × 1,2010	**5 404,50**
+ Frais ou charges **directs** de distribution		31,50		27,95
+ Charges **indirectes** de distribution	857,5 × 1,0690867 (1)	916,74	900 × 1,0690867	962,18
= Coût de revient des produits finis vendus	**7 204,84**		**6 394,63**	
Quantités vendues	3 500		4 500	
Coût de revient unitaire	**2,0585257**		**1,4210288**	

Calcul du résultat analytique du flan aux abricots

Éléments	Quantités	Coût unitaire	Montant
Prix de vente	3 500	2,45	8 575,00
Coût de revient	**3 500**	**2,0585257**	7 204,84
Résultat		**0,3914743**	**1 370,16**

Calcul du résultat analytique du flan aux cerises

Éléments	Quantités	Coût unitaire	Montant
Prix de vente	4 500	2	9 000,00
Coût de revient	4 500	**1,4210288**	6 394,63
Résultat		**0,5789712**	**2 605,37**

IV. Remarques

Il faut bien prendre le nombre d'unités d'œuvre pour l'imputer à chaque produit.

Souvent, vous devez commenter le résultat global et unitaire.

Si le résultat est bénéficiaire, il faut conseiller de continuer la gestion en faisant des améliorations ponctuelles.

Si le résultat est déficitaire, il faut conseiller de moderniser la production (investissement, licenciement). On peut envisager des actions de publicité, de promotion ou supprimer le produit.

Il faut toujours vérifier si la répartition indirecte a été faite correctement :

- 916,74 + 962,18 = montant du centre principal distribution = 1 878,92.

Ce montant est exact. Souvent, il existe une légère différence, que l'on néglige, car nous sommes obligés d'arrondir le coût d'unité d'œuvre (exigence de l'énoncé pour le nombre de décimales).

I. PROBLÈME COMPTABLE

Il faut, après avoir constaté le résultat analytique (charges directes et indirectes), en tirer des conclusions. Nous avons travaillé sur des coûts constatés (calculs postérieurs en fin de période). Il faut, après les résolutions, gérer et donc faire des prévisions. Nous travaillerons sur des coûts préétablis (calcul d'objectifs à réaliser). Pour cela, il faut déterminer l'incidence de l'activité sur les coûts.

II. DOCUMENTS

Il faut distinguer :

• les charges variables ou opérationnelles : elles dépendent du niveau d'activité et du volume du chiffre d'affaires (*ex. : frais d'approvisionnement*) ;

• les charges fixes ou structurelles : elles sont indépendantes du niveau d'activité (*ex. : loyer, salaire du comptable*).

C'est **l'analyse différentielle.**

L'ensemble des charges de l'entreprise est égal aux charges variables + charges fixes.

Charges	Variables	Fixes
Achats de farine	287,00	
Achats de lait	568,75	
Mat. consommables	241,50	
Fournitures fruits	3 643,50	
Énergie		747,00
Énergie four cuisson	22,40	
Assurance - honoraires		610,00
Transport de farine	30,45	
Transport de lait	106,70	
Transport de fruits	150,00	
Transport de flan	59,45	
Impôts et taxes		1 210,00
Salaire pâtissier	1 677,00	
Salaire employé		1 000,00
Salaire secrétaire comptable		1 653,00
Salaire commercial		1 297,00
Total	6 786,75	6 517,00

Tous les calculs s'effectuent hors taxes.

Le résultat différentiel ou résultat par variabilité

Chiffre d'affaires HT ❶	17 575,00	100,00 %
Charges variables	6 786,75	38,62 %
Marge sur coût variable ❷	10 788,25	61,38 %
Charges fixes	6 517,00	37,08 %
Résultat ❸	4 271,25	24,30 %

❶ Compte de résultat (ventes – RRR accordées).
Il est toujours exprimé par 100 %.

❷ La **marge sur coût variable (MCV)** :

chiffre d'affaires – charges variables.

Le taux de marge sur coût variable :

$$\frac{\textbf{MCV} \times \textbf{100}}{\textbf{Chiffre d'affaires HT}}$$

❸ **R = MCV – Charges fixes.**

LE CALCUL DU SEUIL DE RENTABILITÉ

I. PROBLÈME COMPTABLE

« Prévoir, c'est gérer »; pour un chef d'entreprise, connaître le montant du chiffre d'affaires à réaliser permet de commencer à faire un bénéfice. On l'appelle le seuil de rentabilité.

II. DOCUMENT

Chiffre d'affaires HT ❶	17 575,00	100,00 %
Charges variables	6 786,75	38,62 %
Marge sur coût variable ❷	10 788,25	61,38 %
Charges fixes	6 517,00	37,08 %
Résultat ❸	4 271,25	24,30 %

III. ANALYSE DES ÉLÉMENTS

Définition : Le seuil de rentabilité (SR) ou chiffre d'affaires critique (CAC) correspond au montant du chiffre d'affaires pour lequel l'entreprise ne réalise ni bénéfice, ni perte. Dans ce cas :

Chiffre d'affaires = Totalité des charges

Chiffre d'affaires = Charges variables + Charges fixes

Chiffre d'affaires – Charges variables = Charges fixes

Marge sur coût variable = Charges fixes ❶

Marge sur coût variable = Taux de marge × Chiffre d'affaires ❷

❶ et ❷ nous donne : Charges fixes = Taux de marge × Chiffre d'affaires

$$\text{Taux de marge sur coût variable} = \frac{\text{MCV} \times 100}{\text{Chiffre d'affaires HT}}$$

$$\textbf{Seuil de rentabilité} = \frac{\textbf{Charges fixes} \times \textbf{100}}{\textbf{Taux de marge}}$$

Représentation du résultat : y = MCV – Charges fixes ; $y = 0{,}6138x - 6\,517$.

Calcul du seuil de rentabilité

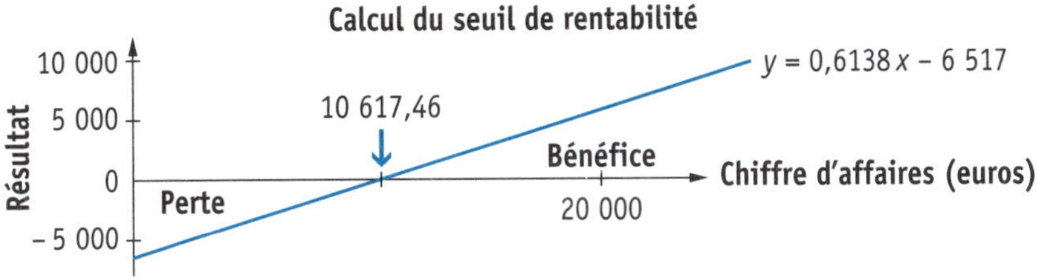

Pour l'entreprise SOLED, le seuil de rentabilité est égal à :

$$\text{Seuil de rentabilité} = \frac{6\ 517}{0{,}6138} = 10\ 617{,}46\ € \text{ (voir graphiques)}$$

Le point mort ou date à laquelle le seuil de rentabilité est atteint :

- Si l'activité est régulière :

nous utiliserons en jours $\dfrac{\text{Seuil de rentabilité} \times 360}{\text{Chiffre d'affaires}}$

Exemple : $\dfrac{10\ 617{,}46 \times 360}{17\ 575} = 217{,}48$ jours ; c'est-à-dire dans la journée du **7 août.**

Remarque : si l'entreprise prend un mois de vacances, il faut remplacer 360 par 330.

- Si l'activité est régulière :

nous utiliserons en mois $\dfrac{\text{Seuil de rentabilité} \times 12}{\text{Chiffre d'affaires}}$

Exemple : $\dfrac{10\ 617{,}46 \times 12}{17\ 575} = 7{,}25$ mois = 7 mois et (0,25 × 30 jours)
= 7 mois et 7 jours ; c'est-à-dire le 7 août.

Remarque : si l'entreprise prend un mois de vacances, il faut remplacer 12 par 11.

- Si l'activité est irrégulière :

$$\frac{\text{Seuil de rentabilité} - \text{Chiffre d'affaires cumulé des mois précédents}}{\text{Chiffre d'affaires du mois concerné}} \times 30.$$

Cela traduit la capacité de l'entreprise : plus le temps à atteindre le seuil de rentabilité est important, plus l'entreprise est fragile.

Détermination du chiffre d'affaires à atteindre :

SOLED veut disposer d'un bénéfice de 15 000 €. Quel chiffre d'affaires faut-il atteindre ?

Marge sur coût variable – Charges fixes = Bénéfice.

$$0{,}6138x - 6\ 517 = 15\ 000\ ;\ 0{,}6138x = 21\ 517\ ;\ x = \frac{14\ 517}{0{,}6138} = 35\ 055{,}39\ €.$$

La marge de sécurité : c'est la différence entre le chiffre d'affaires et le seuil de rentabilité.

Exemple : 17 575 – 10 617,46 = **6 957,54 €.**

Nous calculerons l'indice de sécurité = $\dfrac{\text{Marge de sécurité} \times 100}{\text{Chiffre d'affaires}}$

Exemple : $\dfrac{6\ 957{,}54 \times 100}{17\ 575} = 39{,}59$ % de perte possible.

I. PROBLÈME COMPTABLE

Le calcul du seuil de trésorerie permet de déterminer le chiffre d'affaires prévisionnel qui va déterminer la variation de trésorerie positive pour faire face aux futures dépenses.

II. DOCUMENT

Éléments du bilan fonctionnel	Sommes (euros)
Ressources stables – Emplois stables	82 244 – 76 528
= Fonds de roulement net global (FRNG)	**5 716**
Emplois d'exploitation – Dettes exploitation	5 599 – 20 103
= Besoin en fonds de roulement d'exploitation (BFRE)	**– 14 504**
Trésorerie actif – Trésorerie passif	20 220
= Trésorerie nette (méthode 1)	**20 220**

III. ANALYSE DES ÉLÉMENTS

C'est le chiffre d'affaires qui entraîne une variation de trésorerie égale à 0.

Procédure :

1. Nous calculons la variation du fonds de roulement (*ex.* : 30 %).

Éléments du bilan fonctionnel	Sommes (euros)
Variation des ressources stables	106 917,20
– Variation des emplois stables	99 486,40

2. Nous calculons la variation du besoin en fonds de roulement.

Éléments	Coefficient de pondération ou de structure ①	Durée moyenne d'écoulement ②	Emplois ③	Ressources ④
Stocks	**0,2501**	9	2,2509	
Créances clients	**1,0550**	1	1,0550	
Dettes fournisseurs	**0,5138**	210		107,898
Total ⑤			3,3059	107,898

1 Calcul des coefficients de pondération ou de structure

Stocks : $\frac{\text{Coût d'achat des marchandises vendues}}{\text{Chiffre d'affaires HT}} = \frac{4\ 612{,}08}{18\ 443{,}71} = \mathbf{0{,}2501}$

Clients : $\frac{\text{Chiffre d'affaires TTC}}{\text{Chiffre d'affaires HT}} = \mathbf{1{,}0550}$

Fournisseurs : $\frac{\text{Achats TTC + Charges externes TTC}}{\text{Chiffre d'affaires HT}} = \frac{9\ 476{,}67}{18\ 443{,}71} = \mathbf{0{,}5138}$

Fiche 39

2 La durée moyenne a été calculée pour les ratios.

3 L'emploi correspond à un besoin : stocks, clients ; coefficient de pondération × durée moyenne d'écoulement.

4 La ressource correspond à un fonds disponible : fournisseurs ; coefficient de pondération × durée moyenne d'écoulement.

5 Le besoin en FR prévisionnel en % s'élève à :

$$(3{,}3059 - 107{,}89) = -104{,}5921 \text{ jours}/360 = \mathbf{-29{,}05\ \%}$$

Cela signifie que l'entreprise SOLED assure sa trésorerie grâce au crédit accordé par ses fournisseurs.

3.

Éléments	Sommes
Variation du fonds de roulement – Variation du besoin en fonds de roulement	7 430,80 – 4 213,41
= Variation de la trésorerie	**3 217,39**

Lorsque la variation de la trésorerie est égale à 0, c'est le seuil de trésorerie.

IV. REMARQUE

Il faut lire et relire l'énoncé car les informations sont dispersées dans l'ensemble du texte.

I. PROBLÈME COMPTABLE

Les entreprises souhaitent disposer d'un résultat prévisionnel pour réagir en cas de résultat jugé insuffisant.

II. DOCUMENT

Prévision à partir du coût variable :

nous prenons le même taux de marge sur coût variable (0,6138).

Le chiffre d'affaires prévisionnel envisagé s'élève à 22 870 €.

Les charges fixes augmentent par paliers : 8 000 €.

Éléments	Montant	Flan d'abricots	Flan cerises
Chiffre d'affaires prévisionnel	22 870,00	11 147,50	11 722,50
Taux de marge sur coût variable	8 832,39	4 305,16	4 527,23
MCV prévisionnelle ❶	14 037,61	6 842,34	7 195,27
Charges fixes prévisionnelles	8 000,00		
Résultat prévisionnel	**6 037,61**		

III. ANALYSE DES ÉLÉMENTS

❶ Le taux de marge sur coût variable, d'un exercice sur l'autre, permet de calculer les éléments et conduit au résultat prévisionnel.

Le résultat prévisionnel s'établit à partir des budgets des ventes et des achats, les données fiscales et sociales, les charges prévisionnelles, les dotations et le montant des produits à encaisser.

Résultat prévisionnel = produits prévisionnels HT – charges prévisionnelles HT (nous pouvons ventiler le résultat en exploitation, financier, exceptionnel).

Ventes prévisionnelles	Octobre	Novembre	Décembre
HT	8 000,00	10 000,00	16 000,00
TVA	440,00	550,00	880,00
TTC	8 440,00	10 550,00	16 880,00

Décaissements prévisionnels	Octobre	Novembre	Décembre
Achats	3 000,00	2 000,00	3 000,00
Charges externes	2 000,00	1 000,00	500,00
TVA à décaisser	183,00		406,00
Charges sociales	1 440,00		

Nous avons aussi des dotations : 19 436 € (exclues des prévisions mais réintégrées pour le résultat).

IV. REMARQUE

C'est la connaissance de son exploitation qui permet au chef d'entreprise de déterminer les charges prévisionnelles. Il a pu utiliser le grand livre comptable.

LE BUDGET DES ENCAISSEMENTS

I. PROBLÈME COMPTABLE

L'entreprise prévoit son chiffre d'affaires en fonction des modes et conditions de règlement des clients. Il doit établir un budget enregistrant les ventes TTC.

II. DOCUMENT

Les clients paient 1/2 au comptant, 1/4 à 30 jours et 1/4 à 60 jours.

Les ventes d'août se sont élevées à 5 000 €.

Les ventes de septembre se sont élevées à 6 000 € (TVA : 5,5 %).

La société SOLED doit encaisser 60,40 € de produits financiers (prêt) en octobre.

Les ventes d'octobre se sont élevées à 8 000 €, celles de novembre à 10 000 €, et décembre : 16 000 €.

Le solde du compte 462 (1 524,49) sera payé en novembre.

Budget des encaissements

Éléments	Octobre	Novembre	Décembre	Hors période
Clients août ❶	1 318,75			
Clients septembre	1 582,50	1 582,50		
Ventes octobre	4 220,00	2 110,00	2 110,00	
Ventes novembre		**5 275,00**	**2 637,50**	**2 637,50**
Ventes décembre			8 440,00	4 220,00
Cession d'immobilisation		1 524,49		
Produits financiers ❷	60,40			
Total	7 181,65	10 491,99	13 187,50	

III. Analyse des éléments

(1) Ce sont les clients (sommes TTC) qui n'ont pas réglé au 1er octobre. Nous les retrouvons en début d'année dans le bilan et, en cours d'année, dans la balance ou dans le grand livre.

Les ventes doivent s'exprimer TTC : 5 000 × 1,055 = 5 275 €.

Nous prenons 1/4 : 1 318,75.

Nous ventilons les ventes en fonction des échéances :

exemple ventes de novembre : 50 % au comptant, 25 % à 30 jours et 25 % à 60 jours, le reste est donc hors période et figurera donc à la ligne clients du prochain budget traditionnel.

(2) Nous retrouvons dans ce poste : les cessions d'immobilisation, les intérêts d'un prêt.

Nous pouvons rencontrer une souscription d'emprunt, un apport de capital de l'exploitant, mais ce sont des opérations ponctuelles.

IV. Remarque

Les ventes sont comptabilisées HT mais sont encaissées TTC.

I. Problème comptable

Afin d'assurer une bonne gestion, il faut bien connaître les échéances des charges et ainsi éviter d'avoir des encaissements insuffisants.

II. Documents

L'entreprise Soled, qui fabrique des pâtisseries, a effectué les relevés pour le trimestre :

Éléments (chiffres exprimés en k €)	Octobre	Novembre	Décembre
Ventes HT à 5,50 %	8	10	16
Ventes de services 19,6 %			4,8
Cession d'immobilisation HT à 19,60 %	1,549		
Achat d'immobilisation HT à 19,60 %		7,12	
Achats HT à 5,50 %	3	2	3
Achats services externes HT à 19,60 %	2	1	0,5

Budget de TVA

Éléments	Octobre	Novembre	Décembre
TVA collectée	0,74	0,550	1,821
TVA déductible sur immobilisations		1,396	
TVA déductible sur autres biens et services	0,557	0,306	0,263
Crédit de TVA reporté			(4) 1,152
TVA à décaisser	0,183		0,406
Crédit de TVA à reporter (4)		1,152	

La société SOLED a prévu les charges courantes suivantes (euros) pour les trois mois :

Éléments	Octobre	Novembre	Décembre
Achats de marchandises HT	3 000	2 000	3 000
Autres charges HT	2 000	1 000	500
Acompte d'impôt (15/12)			7 500
TVA à décaisser	183		406
Salaires nets	3 638	3 200	4 000
Charges sociales	1 500	1 344	1 680
Remboursement d'emprunt	607	607	607

Les fournisseurs sont réglés à 30 jours fin de mois. Les autres charges sont réglées au comptant. La TVA à décaisser est payée le 15 du mois suivant son exigibilité, ainsi que les charges sociales. La TVA de septembre s'élève à 206 €. Le compte fournisseurs est créditeur de 2 628 € au 01/10/N.

Les charges sociales de septembre sont de 1 440 €.

Éléments	Octobre	Novembre	Décembre	Hors période
Fournisseurs (1)	2 628,00			
Dettes sociales septembre (2)	1 440,00			
TVA à décaisser septembre (3)	206,00			
Achats octobre		3 165,00		
Achats novembre			2 110,00	
Achats décembre				3 165,00
TVA à décaisser octobre		183,00		
TVA à décaisser décembre				406,00
Charges de personnel (5)	3 638,00	3 200,00	4 000,00	
Charges sociales (5) *bis*		1 500,00	1 344,00	1 680,00
Autres charges (6)	2 392,00	1 196,00	598,00	
Acompte/impôts sur sociétés (7)			1 500,00	
Remboursement d'emprunt (8)	607,00	607,00	607,00	
Total	10 911,00	9 851,00	10 159,00	

I. PROBLÈME COMPTABLE

Fiche 54
Fiche 55

C'est la synthèse des budgets de décaissement et d'encaissement.
C'est un état récapitulatif qui détermine le **solde disponible** fin de mois.

II. DOCUMENT

Budget de trésorerie

Éléments	Octobre	Novembre	Décembre
Solde de trésorerie disponible début du mois ❶	✗	✗	✗
– Encaissements ❷	✗	✗	
+ Décaissements ❸	✗	✗	✗
= Solde fin de mois ❹	✗	✗	✗

III. ANALYSE DES ÉLÉMENTS

❶ Le solde est très souvent à déterminer d'après la balance, le bilan ou le grand livre fourni. C'est la somme des avoirs en banque, au CCP, et dans la caisse.

❷ Nous reportons la somme déterminée dans le budget d'encaissements (recettes) pour le mois correspondant.

❸ Nous reprenons la somme déterminée dans le budget de décaissements (dépenses) pour le mois correspondant.

❹ Le solde de fin de mois = Solde de trésorerie disponible début du mois
+ Encaissements – Décaissements.

Il est à reporter dans le solde de trésorerie disponible en début de mois (même les situations négatives).

Il faut analyser les soldes fin de mois :

• en cas de solde positif : envisager des placements à court terme (SICAV, VMP) ;

• en cas de solde négatif : pour éviter les découverts bancaires et de recourir aux concours bancaires, reporter des échéances à payer de certains fournisseurs ; échelonner les remboursements de l'immobilisation achetée ; créer des LCR ou des lettres de change envers les clients pour pouvoir les escompter auprès du banquier ou raccourcir les délais de paiement des clients (escompte accordé pour règlement anticipé), avoir recours à l'affacturage, à la loi Dailly ou au CMCC.

Il faut être attentif au découvert bancaire pour le calcul du solde disponible en début de période.

Extrait de la balance fin septembre

512	Banque	30 447,41	31 473,25		1 025,84
514	CCP	19 476,87	7 400,00	12 076,87	
530	Caisse	1 640,00	140,00	1 500,00	

Budget de trésorerie

Éléments	Octobre	Novembre	Décembre
Solde de trésorerie disponible début du mois	+ 12 551,03 (5)	8 821,68	9 462,67
– Encaissements	7 181,65	10 491,99	13 187,50
+ Décaissements	10 911,00	9 851,00	10 159,00
= Solde fin de mois	+ 8 821,68	+ 9 462,67	(6) **+ 12 491,17**

(5) Pour déterminer le solde existant, il faut prendre tous les comptes de trésorerie :

- Banque : – 1 025,84 €
- CCP : + 12 076,87 €
- Caisse : + 1 500,00 €

(6) Ce solde figure au bilan du 31/12/N.

Fiche 33

Chez SOLED, il faut envisager des placements à court terme car il y a trop d'argent qui « dort ». La trésorerie n'est pas bien suivie : début octobre : trop d'argent au CCP ; fin décembre : plus rien au CCP.

L'avoir en banque est trop important : il faut envisager des placements à court terme et étudier la situation de trésorerie de janvier.

Imprimé en Espagne par UNIGRAF
Dépôt légal Février 2008 - Collection 11- Édition 01
18/0685/0